文学与社会

Literature and Society

现代汉语高级读本
Advanced Reader of Modern Chinese

Vocabulary
Grammar Notes
Exercises

王 颖   王 学 东
Ying Wang   Xuedong Wang

文学与社会

Literature and Society

现代汉语高级读本
Advanced Reader of Modern Chinese

Vocabulary
Grammar Notes
Exercises

Princeton University Press
Princeton, New Jersey

文学与社会

Literature and Society

现代汉语高级读本
Advanced Reader of Modern Chinese

Vocabulary

Grammar Notes

Exercises

王 颖 　 王 学 东

Ying Wang 　 Xuedong Wang

Copyright © 1999 by Princeton University Press
Published by Princeton University Press, 41 William Street,
Princeton, New Jersey 08540
In the United Kingdom: Princeton University Press, Chichester, West Sussex

All Rights Reserved

Library of Congress Catalog Card Number 99-61487

ISBN 0-691-01044-7 (pbk.)

The publisher would like to acknowledge Chih-p'ing Chou, Ying Wang,
and Xuedong Wang for providing the camera-ready
copy from which these volumes were printed

The paper used in this publication meets the minimum requirements of
ANSI/NISO Z39.48-1992 (R1997) (*Permanence of Paper*)

http://pup.princeton.edu

Printed in the United States of America

1 3 5 7 9 10 8 6 4 2

~ 目 录 ~

文学篇　　　　　　　（讽刺与幽默）

第一课　　　　匾 .... 鲁迅　　　1

第二课　　　　中国有臭虫吗？.......... 林语堂　　6

第三课　　　　运动..................... 梁实秋　　16

第四课　　　　劝菜..................... 王力　　　28

第五课　　　　请客..................... 王力　　　37

第六课　　　　讲价..................... 梁实秋　　47

第七课　　　　夫妇之间................. 王力　　　61

第八课　　　　汉奸的儿子.............. 谢冰莹　　78

第九课　　　　过客..................... 鲁迅　　　91

第十课　　　　诗意..................... 王蒙　　　109

社会篇　　　　（个人与社会）

第一课　　　我国人口问题与发展生产力的关系　　　　134
　　　　　　　　………………………………马寅初

第二课　　　中国传统伦理观念与人口问题…费孝通　　148

第三课　　　现代化与知识分子……………费孝通　　165

第四课　　　论士大夫……………………………吴晗　　182

第五课　　　文字下乡………………………费孝通　　202

第六课　　　乡土本色………………………费孝通　　215

第七课　　　父母之命与自由结婚…………陈衡哲　　230

第八课　　　家庭结构变动中的老年赡养问题
　　　　　　　　………………………………费孝通　　245

第九课　　　中国少数民族的发展…………费孝通　　257

第十课　　　关于北京城墙存废问题的讨论….梁思成　　270

生词索引　　　………………………………………　　289

本书语法及词汇部分英文略语表:

Adj. = adjective

Adv. = adverb

AN= auxiliary noun (measure word)

Aux. = auxiliary

Conj. = conjunction

Det. = determinative

Int. = interjection

N= noun

Prep. = preposition

Pron. = pronoun

QW= question word

V= verb

V-C= verb-complement

V-O= verb-object

文 学 篇

~讽刺与幽默~

Xuedong Wang

王 学 东

匾

匾		biǎn	(N) a horizontal inscribed board
魯迅	鲁迅	Lǔ Xùn	(N) (1881-1936) writer and literary critic
文藝界	文艺界	wényìjiè	(N) literary and art circles
現象	现象	xiànxiàng	(N) phenomenon
盡先	尽先	jìnxiān	(Adv.) rush or compete to
輸入	输入	shūrù	(V) import; input
介紹	介绍	jiè.shào	(V) introduce
涵義	涵义	hányì	(N) meaning; implication
各各		gègè	(Pron.) each one himself/herself
以意爲之	以意为之	yǐyìwéizhī	assuming the meaning
作品		zuòpǐn	(N) literary works
便		biàn	(Adv.) 就
稱	称	chēng	(V) call; name
之		zhī	(Pron.) (used only as object to replace people or things)
稱之爲	称之为	chēngzhīwéi	(V) call it as
表現主義	表现主义	biǎoxiànzhǔyì	(N) expressionism

1

寫實主義	写实主义	xiěshízhǔyì	(N) realism
女郎		nǚláng	(N) young woman; girl
腿肚		tuǐdù	(N) calf (of the leg)
作詩	作诗	zuòshī	(V-O) write poems
浪漫主義	浪漫主义	làngmànzhǔyì	(N) romanticism
准		zhǔn	(V) permit; allow
古典主義	古典主义	gǔdiǎnzhǔyì	(N) classicism
顆	颗	kē	AN for things that are round and small
頭	头	tóu	AN for some big animals
中央		zhōngyāng	(N) center
青		qīng	(Adj.) dark; green
霹靂	霹雳	pīlì	(N) thunderbolt
未來主義	未来主义	wèiláizhǔyì	(N) futurism
由此		yóucǐ	from this or here
議論	议论	yìlùn	(N) comment; discusssion
鄉間	乡间	xiāngjiān	(N) the countryside
近視眼	近视眼	jìnshìyǎn	(N) nearsighted person

眼力		yǎn.lì	(N) vision; eyesight
無可質證	无可质证	wúkězhìzhèng	no way to prove
約定	约定	yuēdìng	(V) agree on
關帝廟	关帝庙	Guāndìmiào	(N) Guan Di Temple
匾額	匾额	biǎn'é	(N) horizontal inscribed board
漆匠		qījiàng	(N) painter
探		tàn	(V) try to find out
詳略	详略	xiánglüè	(N) details
不服		bùfú	(V) remain unconvinced by
爭執	争执	zhēngzhí	(V) dispute; disagree
說謊	说谎	shuōhuǎng	(V) lie
探問	探问	tànwèn	(V) make cautious inquiries about
望	望	wàng	(V) look over
總	总	zǒng	(Adv.) anyway
空洞		kōngdòng	(Adj.) empty; groundless
爭	争	zhēng	(V) dispute; quarrel

匾
～练 习～

I. Make sentences using the underlined expressions:

　1. 中国文艺界上可怕的现象，<u>是在</u>尽先输入名词，<u>而并不</u>介绍这名词的涵义。

　2. <u>如果</u>看见作品上多讲自己，<u>有些人便称之为</u>表现主义。

　3. 两位近视眼<u>要</u>比眼力，无可质证，<u>便</u>约定到关帝庙去看这一天新挂的匾额。

　4. 在文艺批评<u>上要</u>比眼力，<u>也总得</u>先有那块匾额挂起来<u>才行</u>。

II. Translate the following expressions:

　　1. patriotism　2. nationalism　3. capitalism　4. individualism
　　5. anarchism　6. imperialism　7. communism　8. liberalism
　　9. pragmatism　10. democraticism

III. Use "……界" to classify people of the following professions:
　　例如：　作家 → 文艺界
　　1. 医生　2. 总统　3. 运动员　4. 小提琴手
　　5. 老师　6. 记者　7. 科学家　8. 卖当劳的老板

IV. Find an appropriate word for each of the blanks:

　　1. 详略　2. 议论　3. 争执　4. 说谎　5. 涵义

6.约定　　7.空洞　　8.不服　　9.探　　10.输入

1.为一点儿小事就闹矛盾，有时甚至还_____起来，实在没有必要。

2.我花了十几个钟头才把这些资料_____了电脑。

3.关于"Titanic"，我只看过电影，没看过历史文献，所以不知_____。

4.现在似乎人人都谈民主，到底有多少人真正理解民主的_____呢?

5.我跟几个好朋友已经_____七月初在北京见面。

6.我真不明白你怎么会对如此_____的理论这么感兴趣。

7.据说警察局有好几种仪器都可以_____出来你是不是在_____。

8.美国老百姓常常会由公众人物的私生活而生出各种各样的_____来。

9.这种空洞的争执是无可质证的，难怪他_____。

V. Answer the following questions:

1.用外来名词评论本国的作品有什么利弊?

2.作者对中国的文艺批评有什么意见?

3.作者反对的是什么?他主张文艺批评应该以什么为基础?

4.本文中两个近视眼闹的笑话说明了什么问题?

5.在你看来，鲁迅先生写本文的目的是什么呢?

6.你认为文学批评应该在人们的社会生活中起什么作用?

VI. Composition:

1. Write a dialogue between the two nearsighted people and the passer-by, based on the information from the text. You can give names such as 张三,李四,王五 for the three men.

2.美国的文艺批评

中國有臭蟲嗎？

臭蟲	臭虫	chòu.chóng	(N) bedbug
林語堂	林语堂	Lín Yǔtáng	(N) (1895-1976) scholar, essayist, novelist and linguist
女主人		nǚzhǔrén	(N) hostess
舉行	举行	jǔxíng	(V) hold or host (meeting, gathering)
著名		zhùmíng	(Adj.) well-known; famous
中外人士		zhōngwài rénshì	(N) personages of China and foreign countries
集會	集会	jíhuì	(N) gathering; rally
潔白	洁白	jiébái	(Adj.) spotlessly white, pure white
沙發套	沙发套	shāfātào	(N) slipcover for a sofa
緩慢	缓慢	huǎnmàn	(Adj.) slowly
明顯	明显	míngxiǎn	(Adj.) distinctly; obviously
且		qiě	(Adv.) for the time being; as an interim measure
假定		jiǎdìng	(V) presume; suppose
高等		gāoděng	(Adj.) high-class; high-bred
華人	华人	huárén	(N) Chinese person
首先		shǒuxiān	(Adv.) first; in the first place

愛國心	爱国心	àiguóxīn	(N) patriotism; patriotic feeling
驅策	驱策	qūcè	(V) drive
體重	体重	tǐzhòng	(N) body weight
壓死	压死	yāsǐ	(V-C) weigh down to death
榮譽	荣誉	róngyù	(N) honor; glory
而		ér	(Adv.) therefore
秘密		mì.mì	(Adv.) clandestinely; secretly
然而		ránér	(Conj.) nevertheless; yet
驚愕	惊愕	jīng'è	(V) be stunned; be stupefied
窘極	窘极	jiǒngjí	(Adj.) extremely embarrassed
承認	承认	chéngrèn	(V) admit; agree
摘録	摘录	zhāilù	(V) excerpt; extract
態度	态度	tài.dù	(N) attitude; manner
精神文明		jīngshén wénmíng	(N) civilization that emphasizes spiritual pursuits
證明	证明	zhèng.míng	(N) evidence; proof
忘却	忘却	wàngquè	(V) neglect; forget
物質	物质	wùzhì	(N) material

環境	环境	huánjìng	(N) environment; conditions
傳統	传统	chuántǒng	(Adj.) traditional
民族主義者	民族主义者	Mínzúzhǔyìzhě	(N) Nationalist
維也納	维也纳	Wéiyěnà	(N) Vienna
布拉克		Bùlākè	(N) Prague
倫敦	伦敦	Lúndūn	(N) London
事實上	事实上	shìshíshàng	as a matter of fact
聞名	闻名	wénmíng	(V) become well-known
可恥		kěchǐ	(Adj.) shameful
泛亞洲主義	泛亚洲主义	Fànyàzhōuzhǔyì	(N) Pan-Asianism
替		tì	(Prep.) for; on behalf of
保存		bǎocún	(V) preserve; keep
國粹	国粹	guócuì	(N) national (cultural) quintessence
哥倫比亞大學		Gēlúnbǐyàdàxué	(N) Columbia University
捉		zhuō	(V) catch; capture
加利福尼亞		Jiālìfúníyà	(N) California
種	种	zhǒng	(N) species; breed

輸入	输入	shūrù	(V) import; input
哲學博士	哲学博士	Zhéxuébóshì	(N) Doctor of Philosophy
無稽之談	无稽之谈	wújīzhītán	(N) sheer nonsense
幻想		huànxiǎng	(N) illusion; fantasy
錯覺	错觉	cuòjué	(N) false impression; misconception
宣傳家	宣传家	xuānchuánjiā	(N) propagandist
兼		jiān	(Conj.) and
外交家		wàijiāojiā	(N) diplomat
膽敢	胆敢	dǎn'gǎn	(Aux.) dare to; have guts to
痛責	痛责	tòngzé	(V) severely denounce; sharply criticize
頓	顿	dùn	AN for certain actions
黨部	党部	Dǎngbù	(N) KMT's Central Committee
警告		jǐnggào	(N) warning
同事		tóngshì	(N)colleague; fellow worker
擾亂	扰乱	rǎoluàn	(V) disturb; harass
清思		qīngsī	(N) clear mind
保持		bǎochí	(V) maintain

傷害	伤害	shānghài	(N) harm
佛教		Fójiào	(N) Buddhism
道教		Dàojiào	(N) Taoism
徒		tú	(N) follower or believer of a religion
詩人	诗人	shīrén	(N) poet
一個不剩		yígèbúshèng	none is left over
國際主義	国际主义	Guójìzhǔyì	(N) Internationalism
附和		fùhè	(V) chime in with; echo
道		dào	(V) say; speak
不管		bùguǎn	(Conj.) no matter
國屬	国属	guóshǔ	(N) nationality
文學	文学	wénxué	(N) literature
批評家	批评家	pīpíngjiā	(N) critic
肥		féi	(Adj.) fat; fleshy; plump
時機	时机	shíjī	(N) an opportune moment; time
乏味		fáwèi	(Adj.) boring; dull
供給	供给	gōnggěi	(V) provide

題材	題材	tícái	(N) topic; subjects
巧妙		qiǎomiào	(Adj.) clever; ingenious
親愛的	亲爱的	qīn'ài.de	(Adj.) dear
吸		xī	(V) suck
捏死		niēsǐ	(V-C) pinch to death
該	该	gāi	(used to emphasize an exclamatory sentence)
有趣		yǒuqù	(Adj.) amusing; interesting

中国有臭虫吗?

～词语例句～

一. adj./adv. 而 adj./adv.   ...and...

※ 有一只臭虫在洁白的沙发套上缓慢而明显地爬出来见客。

1.这个地区的犯罪问题普遍而严重。

2.这件事的背景复杂而有趣。

二. 不论   no matter whether

※ 这事情很可能在任何家庭中发生，不论在英、法、俄、中。

1.电视里什么广告都有，不论是商业的还是政治的都有。

2.警察没收了各种凶器，不论是刀、枪、棍、棒。

三. 任何...都...   any

※ 这种事很可能在任何家庭中发生。

1.任何人都应该有受教育的机会

2.你任何时候都可以去参观。

四. A 也好，B 也好，...   whether it is A or B

※ 把臭虫压死也好，让臭虫咬几口也好，都是爱国心的表现。

1.写繁体字也好，写简体字也好，只要写的是中国字就行了。

2.喝酒也好，抽烟也好，都不利于健康。

五. 为了...（而）V...   V...for/in order...

※ 为了国家荣誉而让他秘密地咬几口。

1.他为了保持自己的传统文化而拒绝学外语。

2.公司为了提高竞争能力而开发出了许多新产品。

六. 关于 　　　　　　　　　　　　　　　　　about

※ 大家都承认中国是有臭虫的，于是我便听到关于臭虫的讨论。

1.今天的演讲是关于中国的经济改革的。

2.关于人权，中国政府有另一套说法。

七. 只有...才能... 　　　　　　　　　　　only...then...

※ 只有有精神文明的人民才能忘却他们的物质环境。

1.只有出生在美国的美国人才能当美国总统。

2.只有去亲眼看了长城才能知道长城到底有多长。

八. ...因...（而）... 　　　　　　　　　　　because

※ 纽约，伦敦不是都有臭虫吗?事实上，有些城市便因此而闻名了。

1.这些孩子多半是因被父母抛弃而流落街头的。

2.新移民常因不懂英文而影响找工作。

九.（如果）...，该是多么...啊! 　　　It would be so...if...

※ （要是）捉住了臭虫把它捏死该是多么有趣的事啊!

1.（如果）老百姓真的都有了言论自由该是多么可喜的事啊!

2.（要是）世界任何地方都没有了臭虫该是多么奇怪啊!

中国有臭虫吗?

～练　习～

I.　Make sentences, using the underlined expressions:

1. 有人说臭虫是中国的国粹，<u>这简直是无稽之谈</u>。

2. 让我们来把<u>胆敢</u>谈论这个问题的人痛责一顿。

3. <u>只要</u>我在被臭虫咬时保持快乐<u>就是了</u>，这又有什么伤害<u>呢</u>?

4. <u>若是</u>捉住了臭虫把他捏死<u>该是多么</u>有趣的事啊!

5. 维也纳，布拉克，纽约，伦敦<u>不是</u>都有臭虫<u>吗</u>?<u>事实上</u>，这些城市<u>便因此而</u>文明<u>了</u>。

6. <u>只有</u>有精神文明的民族<u>才能</u>忘却他们的物质环境。

7. 中国<u>是</u>有臭虫<u>的</u>，<u>不错</u>，<u>而</u>这就是我们有精神文明的<u>最好的</u>证明。

II.　Choose one word for each of the following blanks:

1.驱策　2.扰乱　3.臭虫　4.博士　5.捏死　6.承认　7.可耻　8.惊愕　9.洁白　10.幻想　11.乏味　12.巧妙　13.缓慢　14.错觉　15.同声附和　16.美丽　17.出来　18.集会

哥伦比亚大学的_____无论如何也不愿意_____他们的大学里也是有臭虫的。直到有一天，一只又肥又大的_____从一位女博士_____的床单下_____地爬_____了。这却是使正在这儿_____的所有的人士_____。女主人窘极了,一种奇怪的心理_____她走过去捉住臭虫，拿在手中，大声说道："这是一只臭虫吗?不! 那是你们的_____和_____!这只_____的小生物固然_____了我们的集会，但它以

14

的方式给我们＿＿＿＿的谈话提供了乐趣，＿＿＿＿它该是多么＿＿＿＿的事

啊！"这时所有的博士都＿＿＿＿道："说得太好了！我们的讨论太有趣了！"

III. Answer the following questions:

1. 爱国主义和民族主义有什么不同？

2. 美国的民族主义者有些什么主张？

3. 人的爱国心在什么情况下表现得最明显？

4. 你认为精神和物质之间应该有什么样的关系？

5. 作者在这篇文章中用"臭虫"来代表什么？

6. 人们对社会的黑暗面一般会采取哪几种态度？

7. 作者本人赞成或反对什么样的态度？

8. 文学批评在人们的社会生活中起什么作用？

9. 如果讨论的是美国的"臭虫"问题，你会采取什么态度？为什么？

10. 对"臭虫"所采取的各种态度对国家和民族有什么不同的影响？

IV. Summerize each of the eight attitudes in your own words.

V. Composition:

1. 美国的"臭虫"和我对"臭虫"的态度

2. 在美国的一些大城市，色情、妓女（prostitute）问题相当严重，请写出
   下面几种人对这个问题可能采取的态度。

   1. 基督徒 2. 医生 3. 总统 4. 大学生 5. 妓女
   6. 同性恋者（homosexual） 7. 修女（nun） 8. 警察

運　動

梁實秋	梁实秋	Liáng Shíqiū	(N) (1903-1987)literary critic and essayist
李鴻章	李鸿章	Lǐ Hóngzhāng	(N) (1823-1901)statesman, politician, and diplomat
出使		chūshǐ	(V) serve as an envoy abroad
招待		zhāodài	(V) entertain
皇族		huángzú	(N) people of imperial lineage; imperial kinsmen
討好	讨好	tǎohǎo	(V) curry favour with; ingratiate oneself with
親自	亲自	qīnzì	(Adv.) personally; in person
表演		biǎoyǎn	(V) play; perform
網球	网球	wǎngqiú	(N) tennis
娛		yú	(V) amuse; give pleasure to
嘉賓	嘉宾	jiābīn	(N) honoured guests
特使		tèshǐ	(N) a special envoy
禮服	礼服	lǐfú	(N) ceremonial robe; formal attire
眼花繚亂	眼花缭乱	yǎnhuāliáoluàn	(V) be dazzled
完畢	完毕	wánbì	(V) end
氣咻咻	气咻咻	qìxiūxiū	panting, gasping for breath

流汗		liúhàn	(V-O) perspire; sweat
辛苦		xīnkǔ	(Adj.) laborious; toilsome
僱	雇	gù	(V) hire
充分		chōngfèn	(Adv.) fully
趣味		qù.wèi	(N) delight; interest
旗鼓相當	旗鼓相当	qígǔxiāngdāng	being well-matched; worthy of each other's steel
砰		pēng	(onomatopoeia)
不下於	不下于	búxiàyú	as good as; not inferior to
鬥鷄	斗鸡	dòujī	(N) gamecock; cockfighting
鵪鶉	鹌鹑	ānchún	(N) quail
蟋蟀		xīshuài	(N) cricket
蠻性	蛮性	mánxìng	(N) savagery; sheer animal nature
遺留	遗留	yíliú	(V) have left over
安逸		ānyì	(Adj.) easy and comfortable
鬥爭	斗争	dòuzhēng	(V) fight; struggle
緊急	紧急	jǐnjí	(Adj.) urgent
處	处	chù	(N) part; place

冷津津		lěngjīnjīn	(Adj.) clammy
捏着兩把汗		niē.zhe liǎngbǎhàn	holding two handfuls of sweat - being breathless with tension/anxiety
内心		nèixīn	(N) innermost being; in one's heart of hearts
輕鬆	轻松	qīng.sōng	(Adj.) relaxed
何苦來哉?		hékǔláizāi	Is it worth the trouble? Why bother?
摔跤的		shuāijiāo.de	(N) wrestler
比武的		bǐwǔ.de	(N) martial arts player
賣藝	卖艺	màiyì	(V-O) make a living as a performer
江湖賣藝者		jiānghúmàiyìzhě	(N) itinerant entertainer
…流		…liú	and the like
士君子		shìjūnzǐ	(N) scholars and gentlemen
不取		bùqǔ	(V) will not seek or adopt
去古未遠	去古未远	qùgǔwèiyuǎn	not far from the ancient times
緣故	缘故	yuángù	(N) reason
一言不合		yìyánbùhé	once a disagreement occurs
便		biàn	(Adv.) 就
行動	行动	xíngdòng	(V) act

胳臂		gēbì	(N) arm
粗		cū	(Adj.) brawny
善於	善于	shànyú	(V) be good at
口角		kǒujué	(V) bicker; wrangle
光打雷不下雨		guāngdǎléi búxiàyǔ	thunder but no rain - much noise but no action; much said than done
關聯	关联	guānlián	(N) being related
足球		zúqiú	(N) soccer
比賽	比赛	bǐsài	(N) contest
凶猛	凶猛	xiōngměng	(Adj.) ferocious; violent
且		qiě	for the moment
助威		zhùwēi	(V) cheer (for); boost the morale of
啦啦隊	啦啦队	lālāduì	(N) cheer leaders; cheering squad
中瘋魔	中疯魔	zhòngfēngmó	(V-O) be affected like one possessed
生龍活虎	生龙活虎	shēnglóng huóhǔ	courageous as a dragon and lively as a tiger - full of vim and vigour
輕描淡寫	轻描淡写	qīngmiáodànxiě	(V) touch on lightly
幼年		yòunián	(N) child; childhood
歌咏團	歌咏团	gēyǒngtuán	(N) singing group; chorus

19

打拳		dǎquán	(V-O) shadowboxing
直截了當	直截了当	zhíjiéliǎodàng	(Adj.) point-blank; blunt
性命		xìngmìng	(N) life
相撲	相扑	xiāngpū	(V) spring/pounce/throw oneself on each other
含		hán	(V) imply; contain
褒貶	褒贬	bāobiǎn	(N) complimentary or derogatory; praise or censure
規矩	规矩	guī.ju	(N) rule; established practice (Adj.) well-behaved
抽象		chōuxiàng	(Adj.) abstract
運動道德	运动道德	yùndòng dàodé	(N) sportsmanship
夙來		sùlái	(Adv.) always; all through the ages
咬		yǎo	(V) bite
踢		tī	(V) kick
連...帶...	连...带...	lián...dài...	(Conj.) and; while; as well as
球隊	球队	qiúduì	(N) sports team
教練員	教练员	jiàoliànyuán	(N) coach
職位	职位	zhíwèi	(N) occupation
訓練	训练	xùnliàn	(V) train

如狼似虎		rúlángsìhǔ	as ferocious as wolves and tigers
特殊		tèshū	(Adj.) outstanding
功勛	功勋	gōngxūn	(N) meritorious service; feats
招徠		zhāolái	(N) solicitation
功效		gōngxiào	(N) effect
即是		jíshì	that is
座		zuò	AN for large fixed things
附設	附设	fùshè	(V) be attached to
學院	学院	xuéyuàn	(N) institute
霓虹		níhóng	(N) neon
廣告	广告	guǎnggào	(N) advertisement
筋肉		jīnròu	(N) muscles
骨骼		gǔgé	(N) skeleton
腦筋	脑筋	nǎojīn	(N) brains
成比例		chéngbǐlì	(V-O) be in proportion
例外		lìwài	(N) exception
腦力	脑力	nǎolì	(N) intelligence

過人	过人	guòrén	(Adj.) surpassing others
顆	颗	kē	AN for small, round and hard things
蹦豆兒	蹦豆儿	bèngdòur	(N) bouncing/leaping beans
打破		dǎpò	(V-C) break
記錄	记录	jìlù	(N) record
智力		zhìlì	(N) intelligence
除非		chúfēi	(Conj.) unless
偶然		ǒurán	(Adv.) once in a while
層	层	céng	AN for meaning
體育	体育	tǐyù	(N) sports; athletics
好比		hǎobǐ	(Adv.) 好像
體格	体格	tǐgé	(N) physique
健壯	健壮	jiànzhuàng	(Adj.) strong and healthy
飛檐走壁	飞檐走壁	fēiyánzǒubì	leap onto roofs and vault over walls
本錢	本钱	běnqián	(N) capital; essentials
令		lìng	(V) make; cause
一技之長	一技之长	yíjìzhīcháng	(N) speciality in a particular field

运　动
～词语例句～

一． doing　A　以　do　B　　　　　　doing A in order to do B

※　他亲自表演网球赛以娱嘉宾。

　1.有人夸大精神文明的作用以批评物质文明。

　2.他每天放了学就去快餐馆打工以帮助父母赚钱养家。

二． A　不下/低于　B　　　　　　A is equal to or better than B

※　看打球的趣味是不下于看斗鸡、斗鹌鹑、斗蟋蟀的。

　1.信息高速公路为人类作出的贡献不下于真正的高速公路。

　2.他的网球水平不下于他的篮球水平。

三． 如…一般　　　　　　　　　　　就像…一样

※　我看过美国人赛足球，…，那真是如中疯魔生龙活虎一般。

　1.读先生的文章如亲耳听先生演讲一般。

　2.中国十几年来变化之大如天翻地覆一般。

四． 究竟　　　　　　　　　　　　after all

※　现在的外国人究竟不是野蛮人。

　1.这件事是他的不对，但他究竟还是个孩子，别怪他了。

　2.中国虽然还很落后，但究竟是在进步啊!

五． 连　A　带　B　　　　　　　　both A and B

※　我们中国人一运动起来就很容易口咬足踢连骂带打了。

1. 这顿饭连吃带喝只花了不到十块钱。

2. 孩子连哭带闹地要买玩具，父母一点办法都没有。

3. 当时他连人带车都滚到路边的地里了。

六．A 和 B 成正比例/反比例　　　A is in direct/inverse proportion to B

※ 有人说，人的筋肉骨骼的发达是和脑筋的发达成正比例的。

1. 妇女的权利是和她们的经济地位成正比例的。

2. 人的健康水平是和运动的多少成正比例的。

3. 失业率是和经济的发展成反比例的。

七．就…而言　　　　　　　　　　　　　　　as far as…is concerned

※ 就整个民族而言，也许是的，就个人分别而言，可是例外太多。

1. 日本发展得很快，就汽车工业而言，已经在世界上占领先地位了。

2. 上海这个城市，就建筑而言，具有欧洲的特色。

八．除非（是）　　　　　　　　　　　　　　　　　　　　unless

※ 好多在运动场上打破记录的人在智力上并不常常打破记录，除非
　　是偶然的破留校数年的记录。

1. 要得到女朋友的好感，除非经常给她买花。

2. 中国要想实行民主的制度，除非进行政治改革。

运　　　　动
～ 练　习 ～

I. Use the information from the text to fill one word in each of
the blanks:

　　有一次，大概是基辛格（Henry Kissinger）_____吧，在_____
的时候去到中国大受_____。有一位中国的官员特别_____，____
____表演京剧（Peking Opera），以娱_____。基辛格早就听说京剧是
中国的_____，听京剧的_____一定不下于听美国的MTV。表演_
_____后，那位官员跑过来问怎么样，美国的_____说："好是好，
只是听不懂，为什么不用_____唱呢？"

II. Choose one expression for each of the blanks:

　　飞檐走壁，一技之长，生龙活虎，直截了当，光打雷不下雨

　　轻描淡写，旗鼓相当，眼花缭乱，无稽之谈，何苦来哉

1. 他说话一向_____，但并无恶意，你别在乎他的态度。

2. "蝙蝠侠"（Batman）会_____，007也会吗？

3. 这两个球队_____，比赛一定会很精彩。

4. 发生了这么严重的问题，你这样_____地说说就算完了吗？

5. 他老管别人的闲事，费力不讨好，_____？

6. 刚才在高速公路上警察的大车灯照得我_____，差点儿出车祸。

7. 只要肯用功，学会了_____，还怕找不到工作吗？

8. 政府一直说要减税，可是_____，税率还是越来越高。

9.上班时他总抱怨太累,一下班他就变得_____了。

10.谁说美国的总统有十几个女朋友?! 这简直是_____。

III. Answer questions with given expressions:

1.现在在美国还看得到斗鸡吗? （除非…要不然…）

2.在中国旅行,买飞机票、火车票容易吗? （…连…带…）

3.你看过西班牙人斗牛吗? （…不下于…）

4.人的智力和体力的发达到底有什么样的关系? （就…而言,…）

5.中美之间究竟有些什么矛盾呢? （…且不必提,…）

6.学生的成绩和努力的程度有什么关系（…和…是成正/反比例的）

IV. Clarify the meaning of the words in brackets and then put them in appropriate blanks:

1.他们俩一见面就辩论,到分手时还不愿意_____（完毕,结束）他们的争执。

2.打桥牌是我在闲暇时间最喜欢的一种_____（招待,娱乐）。

3.为了得到女孩子们的好感,他常买些小礼物去_____（讨好,拍马屁）她们。

4.您老人家_____（辛苦,累）地工作了一辈子,现在享受享受是理所当然的。

5.一遇到这种_____（紧张,紧急）情况,他就_____（紧张,紧急）得满脸通红。

6.北京大学每年都要_____（雇,招）三千到五千新生入学。

7.外国人保留的蛮性多一些,大概是因为他们去古未远的_____（理由，缘故）。

8.中国人常常以摔跤运动太野蛮为_____（缘故，理由）而拒绝参加。

9.老李是研究_____（行为，行动）科学的专家，分析过各种人物的个性。

10.我们得尽快_____（行为，行动）起来，不然真的会落后了。

11.多半的大学都_____（规矩，规定）学生不许带会跑的宠物到学校来。

12.军校的学生到底是不一样，个个都这么_____（规矩，规定）。

13.他这次的考试结果打破了全班记录完全是_____（偶然，偶尔）的。

14.退休以后，我每天都去公园打太极拳，然后看看书报，_____（偶然，偶尔）也去看电影。

V. Read the following sentences and then decide whether they are true or false according to the text:

1.中国读书人看不起摔跤，比武，以及其他江湖卖艺者。（ true，false ）

2.作者完全不能接受外国人在运动中生龙活虎如中疯魔似的性命相扑。
（ true，false ）

3.体育运动在美国的大学活动中占相当重要的地位。（ true，false ）

4.外国人的运动方式足以证明他们就是野蛮人的后代。（ true，false ）

5.在运动场上打破记录的人很少在智力上也打破记录。（ true，false ）

VI. Composition:

1. Write an essay to describe the grand occasion when Americans are watching baseball.

2.运动和比赛

3.生命在于运动

勸　菜

勸菜	劝菜	quàncài	(V) urge someone to eat
合作		hézuò	(Adj.) cooperative
共一盤菜	共一盘菜	gòng yìpáncài	(V-O) share one dish
酒席		jiǔxí	(N) feast; banquet
講究	讲究	jiǎng.jiū	(V) stress; (Adj.) particular about
嚼		jiáo	(V) chew
節奏	节奏	jiézòu	(N) rhythm
相傳	相传	xiāngchuán	(V) according to legend
尺		chǐ	(N) a unit of length; ruler
彎得轉	弯得转	wān.dezhuǎn	(V-C) able to be bent
嘴		zuǐ	(N) mouth
合於	合于	héyú	(V) conform to; meet...
原則	原则	yuánzé	(N) principle
剩下		shèng.xià	(Adj.) be left (over)
垃圾		lājī	(N) trash; garbage
浪費	浪费	làngfèi	(V) waste

28

調劑	调剂	tiáojì	(V) adjust; regulate
各得其所		gèdéqísuǒ	each is properly provided for
總量	总量	zǒngliàng	(N) total
西餐		xīcān	(N) Western-style food
優點	优点	yōudiǎn	(N) merit; advantage
先哲		xiānzhé	(N) sage
食而不讓	食而不让	shí ér búràng	eating without first offering and giving food to others
近於	近于	jìnyú	(V) border on; 跟...差不多
禽獸	禽兽	qínshòu	(N) birds and beasts
起初		qǐchū	(Adv.) originally; at first
消極	消极	xiāojí	(Adj.) passive
積極	积极	jījí	(Adj.) active
碟子		dié.zi	(N) small plate
以君子之心		yǐ jūnzǐzhīxīn	with one's own gentleman's measure
度君子之腹		duó jūnzǐzhīfù	to gauge the heart of a gentleman
風俗	风俗	fēngsú	(N) custom; convention
皆		jiē	(Adv.) all

素來		sùlaí	(Adv.) always
著名		zhùmíng	(Adj.) famous
禮讓之鄉	礼让之乡	lǐràng zhīxiāng	(N) the home of etiquette
江浙		Jiāngzhè	(N) Jiangsu and Zhejiang provinces
尤爲	尤为	yóuwéi	(Adv.) especially
盛行		shèngxíng	(Adj.) to be in vogue
馬虎	马虎	mǎ.hū	(Adj.) casual
殷勤	殷勤	yīn.qín	(Adj.) solicitous
照例		zhàolì	(Int.) as a rule; usually
至親好友	至亲好友	zhìqīn hǎoyǒu	(N) close relatives and good friends
美德		měidé	(N) virture
嗜好		shì.hào	(N) habit; addiction; hobby
諺語	谚语	yànyǔ	(N) proverb; saying
食物		shíwù	(N) food
味道		wèi.dào	(N) taste; flavour
隨		suí	(V) follow; go along with; comply with
美惡	美恶	měiwù	(Adj.) good and bad; beautiful and loathsome

30

未必		wèibì	(Adv.) not necessarily
原料		yuánliào	(N) raw material
烹飪	烹饪	pēngrèn	(N) cooking; culinary arts
見解	见解	jiànjiě	(N) understanding; opinion
籍貫	籍贯	jíguàn	(N) one's native place
估價	估价	gūjià	(N) appraisal; appraised price
硬		yìng	(Adv.) simply *if you have to do*
塞給	塞给	sāi.gěi	(V) stuff; force into
有禮貌	有礼貌	yǒulǐmào	(Adj.) courteous; polite
令		lìng	(V) make; cause
難堪	难堪	nánkān	(Adj.) awkward; embarrassed

[handwritten notes:]

钱细

固然

见解

detailed.

yes, your right

看法.

与其說是 A，不如說是 B

people say　　　　but this is better.

与其　　　不如

劝　菜
～词语例句～

一. 足以　V.　　　　　　　　　　　　　　　　enough to

※ 中国有一件事最足以表示合作精神的，就是吃饭。

1. 这件事足以证明他爱占小便宜。

2. 中美两国政府首脑互访足以表明两国的关系正在改善。

二. 只差…　　　　　　　　　　　　　the only thing needed is

※ 只差不曾嚼出同一的节奏来。

1. 我们为结婚做好了一切准备，只差选一个好日子了。

2. 我把什么都带到学校里来了，只差没带我的狗。

三. 合于…　　　　　　　　　　　　　　　　accord with

※ 中国人吃饭，除了表示合作的精神之外，还合于经济的原则。

1. 合于标准; 2. 合于规定; 3. 合于事实

四. 即使…也…　　　　　　　　　　　　　　　even if

※ 中国人的酒席，往往没有剩菜; 即使有剩的，总量也不像西餐剩菜那样多。

1. 即使不向西方学习，中国也一定会进步。

2. 政府即使禁止买卖枪枝，也不可能阻止犯罪发生。

五. 尤为　　　　　　　　　　　　　　　　　especially

※ 劝菜的风俗处处皆有，但素来著名的礼让之乡如江浙一带尤为盛

行。

1. 社会的道德风气每下愈况，大城市的情形尤为严重。

2. 高科技的发展日新月异，尤为惊人的是电脑网络的推广。

六. 非...不可　　　　　　　　　　　　　　　　simply must

※ 妇女最为殷勤，非把菜送到你的饭碗里去不可。

1. 中国非实行全面的改革不可。

2. 对我来说，考试之前非念书不可。

七. 照例　　　　　　　　　　　　as a rule, conventionally

※ 照例是主人劝客人，但是...

1. 只要有了工作单位，照例是有健康保险的。

2. 你已经在美国住了这么多年，照例是可以申请公民的。

八. 凡...都...　　　　　　　　　　　　　　every; all

※ 凡自认为主人的至亲好友，都可以代主人来劝客。

1. 凡到中国去过的美国大学生都学会了讨价还价。

2. 凡学会了讨价还价的人都可以避免再上当受骗。

九. 固然...但是...　　　　　　　　It is true that...,but...

※ 劝菜固然是美德，但是还有一个嗜好是否相同的问题。

1. 结婚固然能使人多一些温暖，但同时也少了一些自由。

2. 孩子固然有孩子的毛病，但父母也不可能永远正确。

十. 未必　　　　　　　　　　　　　　　not necessarily

※ 主人所喜欢的"好菜"，未必是客人所认为好吃的菜。

1. 很多人学中文未必只是为了找个工作。

2. 官方的报纸不可信，私营的报纸也未必可以全信。

十一.　与其说是 A 不如说是 B　　It's more appropriate to say

　　　　　　　　　　　　　　　　　it is B than to say it is A

※　与其说是有礼貌，不如说是令人难堪。

1. 人民日报的文章与其说是新闻，不如说是宣传。

2. 像你这样散步，与其说是运动，不如说是休息。

劝 菜

～练 习～

I. Complete the following to make coherent sentences:

1. 中国人在酒席上讲究……（三个特点）

2. 西方人吃饭时的习惯是……（两到三个特点）

3. 中国人吃饭时让来让去是因为……（两个原因）

4. 我觉得"劝菜"固然是美德，但是……（一个缺点）

5. 相传有一个笑话，说的是……

6. "唯味与色无可争"的意思是……

II. Make sentences with the underlined expressions:

1. 中国有一件事最<u>足以</u>表示合作精神的，就是吃饭。

2. 酒席上讲究同时把菜夹到嘴里去，<u>只差</u>不曾嚼出同一的节奏来。

3. 中国人的酒席<u>即使</u>有剩菜，<u>也</u>不像西餐剩菜那样多。

4. 主人劝开了头之后，<u>凡</u>自认为主人的至亲好友，<u>都</u>可以代主人来劝客。

5. 劝菜<u>固然</u>是美德，<u>但是</u>还有一个嗜好是否相同的问题。

6. 主人所喜欢的"好菜"，<u>未必</u>是客人所认为好吃的菜。

7. 咱们的先哲<u>以为</u>食而不让，则近于禽兽，<u>于是</u>提倡食中有让。

8. 说到食中有让，<u>起初</u>是消极地让，就是让别人先夹菜；<u>后来</u>又加上积极地让，就是把好东西夹到别人的碟子里，甚至于嘴里。

9. 硬让客人吃不爱吃的东西，<u>与其说</u>是有礼貌，<u>不如说</u>是令人难堪。

III. Answer the following questions:

1.西方人在饭桌上必须讲的客套有哪些？

2.你觉得中国人共吃和西方人分吃一盘菜的习俗各有什么利弊？

3.中国人和西方人的客气分别有哪些表现形式？

4.中国人在饭桌上的习俗是不是反映了一种合作精神？

5.西方人"各吃各的"习俗是不是反映一种独立自主的精神？

6.作者认为中国人吃饭的方式有哪两个优点？

7.中国人"食中有让"的消极和积极方式分别是什么？

8.你和中国人同桌吃饭时观察到了哪些有趣的现象？

9.籍贯不同的中国人对食物有不同的嗜好，美国人在这方面有什么特点？

10.你认为王力先生写这篇短文的基本态度是什么？

IV. Explain the following expressions in your own words:

　1.各得其所　　2.近于禽兽　　3.以君子之心度君子之腹

　4.礼让之乡　　5.唯味与色无可争　　6.尤为盛行

V. Make complete and meaningful sentences with the following words:

　1.讲究　　2.互相　　3.合于　　4.满足　　5.著名

　6.殷勤　　7.照例　　8.谚语　　9.难堪　　10.提倡

VI. Composition:

1. Write a short dialogue between a Chinese hostess and her American guest.

2.饭桌上的文化异同

3.试评王力先生的"劝菜"

請　客

搶付	抢付	qiǎngfù	(V) fight over who will pay; scramble or compete to pay
會鈔	会钞	huìchāo	(V-O) pay a bill
宴客		yànkè	(V-O) entertain guests at a banquet or party
足以V.		zúyǐ V.	(Adv.) enough to; sufficient to
禮讓之邦	礼让之邦	lǐràng zhībāng	(N) the nation of etiquette and protocol
彼此		bǐcǐ	(Pron.) each other (Adv.) 互相
恕		shù	(V) forgive
淺陋	浅陋	qiǎnlòu	(Adj.) meager; superficial
各自		gèzì	(Pron.) each one himself/herself
相約	相约	xiāngyuē	(V) agree
輕易	轻易	qīngyì	(Adv.) rashly; easily
茶會	茶会	cháhuì	(N) tea party
顯得	显得	xiǎn.de	(V) show; reveal
慷慨		kāngkǎi	(Adj.) generous
應酬	应酬	yìng.chóu	(V) treat with courtesy
占便宜		zhàn pián.yi	(V-O) profit at other's expense

看戲	看戏	kànxì	(V-O) go to the theatre
受惠		shòuhuì	(V-O) benefit; be favoured
有求必應	有求必应	yǒuqiú bìyìng	granting whatever is requested
升官發財	升官发财	shēngguān fācái	winning power and money
吹噓		chuīxū	(V) boast
聲譽	声誉	shēngyù	(N) reputation
益		yì	(N) advantage; benefit
消災	消灾	xiāozāi	(V-O) eliminate bad luck; dispel misfortune
造福		zàofú	(V-O) bring benefit
手段		shǒu.duàn	(N) means; measure
權謀	权谋	quánmóu	(N) trickery; tactics
荷包		hébāo	(N) pocket
遠景	远景	yuǎnjǐng	(N) future perspective; long-range prospects
誘惑	诱惑	yòu.huò	(V) tempt; attract
極端	极端	jíduān	(Adv.) extremely
一毛不拔		yìmáo bùbá	unwilling to give up even a hair; very stingy
小氣鬼	小气鬼	xiǎo.qìguǐ	(N) stingy person

戲票	戏票	xìpiào	(N) theatre ticket
面子		miàn.zi	(N) face (as in reputation)
堅持	坚持	jiānchí	(V) insist
收手		shōushǒu	(V-O) stop; withdraw; call off
顧全	顾全	gùquán	(V-C) save (face)
仍舊	仍旧	réngjiù	(Adv.) still; yet
同道		tóngdào	(N) people who are of the same kind
放鬆	放松	fàngsōng	(V-C) give up; loosen; slacken
求仁得仁		qiúrén dérén	to have one's wish fulfilled
啞子	哑子	yǎ.zi	(N) a mute person
黃連	黄连	huánglián	(N) bitter herbs
未嘗（不/沒） 未尝		wèicháng	(Adv.) might not
吝		lìn	(Adj.) stingy
貪	贪	tān	(Adj.) greedy
畢竟	毕竟	bìjìng	(Adv.) after all
抵住		dǐzhù	(V-C) withstand; keep out; resist
聯絡	联络	liánluò	(V) make contact

卑鄙		bēibǐ	(Adj.) mean; contemptible
習俗	习俗	xísú	(N) custom
私德		sīdé	(N) individual moral character
虧	亏	kuī	(N) deficiency
損	损	sǔn	(N) harm
濫	滥	làn	(Adv.) indiscriminately
風尚	风尚	fēngshàng	(N) prevailing custom/ habit
善		shàn	(V) be good at
交際	交际	jiāojì	(V) socialize; communicate
痛快		tòng.kuài	(Adj.) great; delighted
害人不淺	害人不浅	hàirén bùqiǎn	bringing great harm to people
明知		míngzhī	(V) obviously and clearly know
拒絕	拒绝	jùjué	(V) refuse
勇氣	勇气	yǒngqì	(N) courage
還席	还席	huánxí	(V-O) reciprocate an invitation to a banquet; give a banquet in return
奉還	奉还	fènghuán	(V) pay back
若干		ruògān	(Adj.) some

兩相抵消		liǎngxiāng dǐxiāo	both parties offset or counteract the other
報答	报答	bàodá	(V) repay
設想	设想	shèxiǎng	(V) envision; contemplate
自尋煩惱	自寻烦恼	zìxúnfánnǎo	looking for trouble; bringing worries/ trouble upon oneself
乾脆	干脆	gāncuì	(Adj.) straightforward; simply
一聲不響	一声不响	yìshēng bùxiǎng	does not even utter a peep
兩肩承一口		liǎngjiān chéng yìkǒu	two shoulders carry a mouth (accepting an invitation without polite arguing)
耐煩	耐烦	nàifán	(Adj.) patient
道謝	道谢	dàoxiè	(V-O) say thank you
理會	理会	lǐ.huì	(V) pay attenton to; take notice of
歸真反樸	归真反朴	guīzhēn fǎnpǔ	returning to original purity and simplicity
虛僞	虚伪	xūwěi	(Adj.) dishonest; hypocritical
儉約	俭约	jiǎnyuē	(Adj.) frugal
宴會	宴会	yànhuì	(N) banquet

请　客
～词语例句～

一. 从 A, B, C 以至于 D　　　　　from A, B, C to even D

※ 中国人从抢付车费，抢会钞，以至于大宴客，每件事都表示中国是一个礼仪之邦。

1. 移民对美国社会从政治，经济，文化，以至于价值观念都产生了重大的影响。

2. 中国开放以后，人们从吃的，穿的，用的，以至于玩儿的都在西化。

二. 足以/不足以 V.　　　　　　　　　　sufficiently

※ 没有一件事不足以表示中国是一个礼让之邦。

1. 世界近一百年来的变化足以证明社会的发展是趋向于民主的。

2. 仅仅撒了一次谎并不足以说明他是个坏孩子。

三. 得…且…　　　　　　　　when you should V…then V…

※ 得收手时且收手。

1. 得饶人时且饶人。

2. 得让步时且让步。

四. 未尝（不/没）　　　　　　　　　　might not

※ 小气的人也未尝不请客。

1. 人们都说做女人难，我觉得做男人又未尝不难。

2. 他虽然是个少有的好人，可也未尝没有缺点。

五. 毕竟　　　　　　　　　　　　　　　　　　　　after all

　※ 贪者毕竟抵不住那"小往大来"的远景的诱惑。

　1.他看上去还是那么乐呵呵的，但毕竟不像年轻时那么无忧无虑了。

　2.那些人又在抢着付帐了，毕竟是中国人啊!

六. 可见　　　　　　　　　　　thus it can be seen that; this proves

　※ 可见中国既有抢付钱的习俗，又有滥请客的风尚。

　1.他跟人一说话脸就红了，可见他是一个不善交际的人。

　2.他买东西从来不吃亏，可见他讲价的艺术不低。

七. 明（明）　　　　　　　　　　　　　　　　　　obviously

　※ 明知受人钱财就得与人消灾，但是又没有拒绝的勇气。

　1.他明明不愿意参加那个宴会，但是又不好意思说"不"。

　2.这明明是你的错，为什么不承认呢?

请　客

～练习～

I. Fill in the blanks with an appropriate word from the list:

浅陋　轻易　相约　交际　谚语　远景

诱惑　卑鄙　虚伪　节奏　嗜好

1. 我实在是不善于_____，你还是找别人帮你招待客人吧。

2. 你最好中、西风味的菜都做一些，以满足人们不同的_____。

3. 请原谅我的_____，我真的不知道中国人有让座的习惯。

4. 对这种事情还是别_____下结论的好，万一弄错了就糟糕了。

5. 东、西方古典音乐的区别主要在于_____的强弱。

6. 这是原则问题，你一定要抵得住物质的_____。

7. 他的言行这么不一致，岂不是一个又_____又_____的人吗？

8. 这个周末很闲，所以我们_____去看戏。

9. 一想到毕业以后的_____，我心中就充满了希望。

10. "世上无难事，只怕有心人！"是我所喜欢的_____。

II. Answer the following questions, using the expressions provided:

1. 六十年代以来的民权运动对美国的少数民族产生了什么样的影响？

   （从A, B, C 以至于 D 都…）

2. 中国近年来的变化说明了什么问题？（…足以/不足以 V…）

3. 他已经离开中国这么多年了，怎么还抢着付帐啊？（毕竟，轻易）

44

4.这个人不是一个基督徒吗，怎么会去抢银行呢?（可见，诱惑）

5.中国人是世界上最顾面子的民族吗?（未尝，理会）

6.这个周末你们老板家里大宴客，你这个大吃客去不去啊?（明知，两肩承一口）

II. Translate the following:

    1. respond to every plea

    2. unwilling to give up even a hair

    3. the homeland of etiquette

    4. be compelled to suffer in silence

    5. return to original simplicity

    6. profit more from limited loss

    7. to have your wish fulfilled

    8. not stingy is not greedy

III. Answer the following questions:

1.越古老的国家，虚伪的东西就越多，你同意吗?为什么?

2.怎么界定（define）"虚伪"和"礼貌"？请举例说明。

3.你对为了给别人留个好印象而并无恶意的客套有什么看法?

4."喜欢占便宜"是不是人类普遍的心理特点?为什么呢?

5.就"请客"这件事来说，你注意到中、西有哪些不同?

6.你怎么看中国人的"好请客"?

7.作者极力批评中国人的虚伪，你的看法呢?

8."喜欢占便宜"是不是人类普遍的心理特点?请进一步说明。

IV. Find the more commonly used expressions for the underlined
words and then make simple sentences with either:

1. 跟我的中国朋友出去，他们总是抢着<u>会钞</u>，让我很难堪。

2. 咱们已经是一家人了，还分什么<u>彼此</u>？我的都是你的。

3. 请<u>恕</u>我无能，这实在不是我所能办到的事情。

4. 你这么<u>轻易</u>就相信陌生人，早晚会上当受骗的。

5. 老李今天真<u>慷慨</u>，请所有的同事都去吃了卖当劳。

6. 小王是我们公司最会<u>应酬</u>的，只要有客人来都由他出面。

7. 用纳税人的钱办事，<u>受惠者</u>当然应该是纳税人咯!

8. 为了达到目的，他什么<u>手段</u>都用尽了。

9. 我在这儿住了三年了，对许多本地的风俗<u>仍旧</u>不了解。

10. 这个大骗子居然也被人给骗了，一定是遇着<u>同道</u>的人了，真是恶有恶报!

11. 他多次捐钱给学校和一些基金会，这难道是<u>吝者</u>所为吗?

V. Composition:

1. Write a dialogue among people who are fighting over who
is paying after a meal in a restaurant.

2. 我的请客经历

3. 读"劝菜"、"请客"后的感想

4. 中美文化之趣

講 價

講價	讲价	jiǎngjià	(V) bargain
梁實秋	梁实秋	Liáng Shíqiū	(N) (1903-1987) literary critic and essayist
店鋪	店铺	diàn.pù	(N) store; shop
講究	讲究	jiǎng.jiū	(V) be particular about; stress
貨真價實	货真价实	huòzhēn jiàshí	high quality at a fair price
言不二價	言不二价	yán.buèrjià	no bargaining allowed
童叟無欺	童叟无欺	tóngsǒu wúqī	young or old, a fair deal guaranteed
招牌		zhāo.pái	(N) signboard; shop sign
偶然		ǒurán	(Adv.) occasionally
驕傲	骄傲	jiāo'ào	(Adj.) proud; arrogant; conceited
懸掛	悬挂	xuánguà	(V) hang
減價	减价	jiǎnjià	(V-O) reduce the price; put on sale
主顧	主顾	zhǔ.gù	(N) frequent customers
不見得	不见得	bújiàn.de	(Adv.) not necessarily
好欺侮		hǎoqīwǔ	(V) easy to bully
流動	流动	liúdòng	(V) float; on the move

過癮	过瘾	guòyǐn	(V-O) enjoy oneself to the maximum; satisfy a craving
七折八扣		qīzhébākòu	various deductions
顯着	显着	xiǎn.zhe	(V) appear; seem
和氣	和气	hé.qì	(Adj.) keeping on good terms; polite
交易		jiāo.yì	(N) a deal
上當	上当	shàngdàng	(V-O) be fooled, tricked
爾虞我詐	尔虞我诈	ěryúwǒzhà	each trying to cheat or outwit the other
必經階段	必经阶段	bìjīngjiēduàn	(N) the way that one must undergo (take)
反正		fǎn.zhèng	(Adv.) anyway; in any case
漫天要價	漫天要价	màntiān yàojià	asking an exorbitant price
就地還錢	就地还钱	jiùdì huánqián	making a counter-offer on the spot
有本事		yǒuběn.shì	(Adj.) methodical; skillful
討便宜	讨便宜	tǎopián.yi	(V-O) take an advantage (over someone)
調查	调查	diào.chá	(V) investigate
物價	物价	wù.jià	(N) (commodity) prices
除非		chúfēi	(Conj.) unless
粘上		zhānshàng	(V-C) stick; paste

紙簽	纸签	zhǐqiān	(N) label
標明	标明	biāomíng	(V) mark clearly; indicate
價格	价格	jiàgé	(N) price
否則	否则	fǒuzé	(Conj.) otherwise
不勝其煩	不胜其烦	búshèngqífán	(V) be pestered unmercifully beyond endurance
掃興	扫兴	sǎoxìng	(Adj.) disappointing; have one's enthusiasm dampened
瞞起		mánqǐ	(V) hide
自欺欺人		zìqīqīrén	(V) deceive oneself as well as others
搪塞		táng.sè	(V) stall someone off; act in a perfunctory way
彌天	弥天	mítiān	(Adj.) monstrous; outrageous
承認	承认	chéngrèn	(V) admit; agree
善於	善于	shànyú	(V) be good at
政治家		zhèngzhìjiā	(N) politician
臉皮	脸皮	liǎnpí	(N) face; cheek
外交家		wàijiāojiā	(N) diplomat
嘴巴		zuǐ.bā	(N) mouth
膽量	胆量	dǎn.liàng	(N) guts; courage

釣魚	钓鱼	diàoyú	(V-O) fishing
耐心		nàixīn	(N) patience
堅如鐵石	坚如铁石	jiānrú tiěshí	obstinate as an iron rock
韌似牛皮	韧似牛皮	rènsì niúpí	tough as elephant hide
壓倒	压倒	yādǎo	(V) overwhelm; prevail over; overpower
待價而沽	待价而沽	dàijià érgū	waiting for the highest bid
當	当	dāng	(Aux.) should
虛心		xūxīn	(Adv.) with an open mind; modestly
請教	请教	qǐngjiào	(V) ask for advice
歸納	归纳	guīnà	(V) sum up; conclude
藝術	艺术	yìshù	(N) art; technique
不外		búwài	no more than; not beyond the scope of
不動聲色	不动声色	búdòng shēngsè	stay calm and collected; maintain one's composure
看準	看准	kànzhǔn	(V-C) make sure
寒傖	寒伧	hán.chen	(Adj.) shabby; ridiculed
幾分	几分	jǐfēn	(Adv.) somewhat; a little
慚愧	惭愧	cánkuì	(Adj.) being ashamed

無精打采	无精打采	wújīng dǎcǎi	listless; low energy; in low spirits
伙計	伙计	huǒ.jì	(N) shop assistant; salesman
氣餒	气馁	qìněi	(V) be discouraged; be dejected
歡天喜地	欢天喜地	huāntiān xǐdì	Adj.) overjoyed
捧出		pěngchū	(V-C) hold in both hands
貨色	货色	huò.sè	(N) goods
心愛	心爱	xīn'ài	(Adj.) treasured; loved
失聲	失声	shīshēng	(V-O) cry out or yell involuntarily
如獲異寶	如获异宝	rúhuò yìbǎo	as if one had found a treasure
假裝		jiǎzhuāng	(V) pretend
淡然處之	淡然处之	dànrán chǔzhī	to treat with indifference
打聽	打听	dǎ.tīng	(V) ask about
隨意	随意	suíyì	casually; inattentively
打草驚蛇	打草惊蛇	dǎcǎo jīngshé	literally: to beat the grass and frighten away the snake; to rattle one's sabre
奇貨可居	奇货可居	qíhuò kějū	to hoard as a rare commodity
無情	无情	wúqíng	(Adj.) ruthless; merciless
甘瓜苦蒂		gānguā kǔdì	sweet melon has a bitter base

于心之条　　　　有＿的余地

Besides, in addition to ＿　never space for ＿

不忙		bùmáng	no hurry
鑒賞	鉴赏	jiànshǎng	(V) appreciate
疵繆	疵缪	cīmiù	(N) flaw; defect
不厭其詳	不厌其详	búyàn qíxiáng	(V) go into minute details
番		fān	AN for verb
盡量	尽量	jìnliàng	as much as possible
無懈可擊	无懈可击	wúxiè kějī	unassailable; with no chink in one's armour
嗜好		shì.hào	(N) hobby
爭辯	争辩	zhēngbiàn	(V) argue; contend
偏		piān	(Adv.) against expectation
總之	总之	zǒngzhī	(Int.) in brief; in short; anyway
一文不值		yìwén bùzhí	not worth a penny; utterly worthless
缺點百出	缺点百出	quēdiǎn bǎichū	full of defects
商量		shāng.liáng	(V) negotiate; exchange opinions; discuss
餘地	余地	yúdì	(N) room; margin; possibility
委屈		wěi.qū	(V) be greatly inconvenienced
遷就	迁就	qiān.jiù	(V) yield to; give in; accomodate oneself to

讓步	让步	ràngbù	(V-O) make a concession; give way
狠心		hěnxīn	(Adj.) heartless
殺價	杀价	shājià	(V-O) make a lower counter-offer
假設	假设	jiǎshè	(V) assume; presume
說謊	说谎	shuōhuǎng	(V-O) tell lies
攔腰一砍	拦腰一砍	lányāo yìkǎn	literally: cut at the waist; Here: cut the price in half; reduce 50%
副		fù	AN for facial expression
嘴臉	嘴脸	zuǐliǎn	(N) look; features (derogatory)
性急		xìngjí	(Adj.) short-tempered; impatient
失敗	失败	shībài	(V) lose (in contest); be defeated
反顧	反顾	fǎngù	(V) look back; turn back
勇氣	勇气	yǒngqì	(N) courage
掉頭	掉头	diào.tóu	(V-O) turn around
負氣	负气	fùqì	(V-O) do something in a fit of pique; be angry out of spite
套		tào	AN for set of things
秘訣	秘诀	mìjué	(N) the secret of / key to (success)
知易行難	知易行难	zhīyì xíngnán	easier said than done

運用	运用	yùnyòng	(V) apply
臉紅脖子粗		liǎnhóng bó.zicū	red with anger; livid
聊以V.		liáoyǐ	(Adv.) just; merely to
解嘲		jiěcháo	(V-O) rationalize; explain things away when ridiculed
難得糊塗	难得糊涂	nándé hú.tu	Bemusement is the most desirable state of mind.

讲　价
～词语例句～

一. 在...的情形之下　　　　　under the circumstances of...

※ 在尔虞我诈的情形之下，讲价便成为交易的必经阶段。

1. 在毫无新闻自由的情形之下，人们实在很难了解事实的真相。

2. 这两家公司在互相支持的情形之下都发展得很快。

二. 反正（是）　　　　　anyway, in any case

※ 反正是「漫天要价，就地还钱」。

1. 成绩好坏没关系，反正都能毕业。

2. 说来说去，反正是老实人就吃亏。

三. 谁...谁（就）...　　　　　whoever; QW-ever

※ 看看谁有本事谁讨便宜。

看准了他没有什么你就要什么，使得他显着寒伧。

1. 谁有钱谁（就）受到尊重，这不是当今的社会现实吗?

2. 哪儿出了车祸，哪儿（就）有警察。

四. 除非...否则...　　　　　unless..., otherwise...

※ 除非你在每一件东西上都粘一纸签标明价格，否则将不胜其烦。

1. 除非我将来去中国工作，否则中文就白学了。

2. 除非亲眼看到，否则很难相信这是真事。

五. 直 V.　　　　　keep V-ing...

※　他有时还直摇头。

1.听到这个消息，他直笑，不说话。

2.他眼睛里不知进了点儿什么东西，直流泪。

六. 善于 V.　　　　　　　　　　　be good at V-ing

※　我承认，有些人是特别地善于讲价。

1.我不太善于跟人打交道，所以朋友不多。

2.他因很善于辞令而从事外交工作。

七. 不外　　　　　　　　　　not beyond the scope of

※　讲价的艺术不外以下几点: 第一…, 第二…, 第三…

1.中美关系的发展不外乎两种可能: 改善或恶化。

2.语言技能不外四个方面：听、说、读、写。

八. 于…之余　　　　　　　　　　在…之后/之外

※　伙计于气馁之余，自然欢天喜地地捧出他的货色。

1.听说他快刑满释放了，他的家人于欣喜之余，也有一点儿担心。

2.想起那不孝的儿子，母亲于伤心之余，提笔写下了这封信。

九. 求其…之所在　　　　　　　　find out the…of it

※　你把货物捧在手里，先求其疵谬之所在。

1.发生问题时，应先求其原因之所在。

2.医生诊断病情时，必先求其病根之所在。

十. 总之　　　　　　　in short,in a word,in brief

※　总之是要把东西说的一文不值缺点百出。

1. 他们想说的话不能说，想做的事也不能做，总之是没有自由。

2. 他又不上课，又不作功课，更不考试，总之完全不像个学生。

十一. 有...的余地　　　　　　　have the possibility to;more or less

※ 价钱上自然有了商量的余地。

1. 会议已经决定在今天召开，没有改变的余地了。

2. 中国和台湾的问题如何解决，还是有讨论的余地的。

讲 价

～练 习～

I. Choose an appropriate word for each of the blanks:

1.货真价实 2.自欺欺人 3.无精打采 4.欢天喜地

5.打草惊蛇 6.不厌其详 7.无懈可击 8.一文不值

a.从感恩节到新年，人们因为忙着庆祝节日而显得_____。

b.敌人很狡猾，所以为了避免_____，我们决定在天黑以后开始行动。

c.他对人物的描写真是_____，连动作和表情都说的清清楚楚。

d.我以为这幅画很贵重，送给专家一看才发现_____。

e.经济开放以后，商人们只认得钱，讲究_____的商店越来越少了。

f.他最近做什么事都_____的，是不是生病了？

g.你不要再_____了，把真实情况告诉大家吧！

h.这篇论文写得实在是_____，谁都挑不出一点毛病来。

II. Provide nouns to be modified by the following expressions:

1.无精打采的_____   2.难得糊涂的_____

3.童叟无欺的_____   4.货真价实的_____

5.七折八扣的_____   6.漫天要价的_____

7.不厌其详的_____   8.尔虞我诈的_____

9.缺点百出的_____   10.坚如铁石的_____

III. Answer questions:

1. 你对讲价的艺术有什么看法?

2. 谈谈你或你的朋友讨价还价的经验。

3. 从不讲价的人是什么样的人?

4. 作者要讽刺的是哪几种人?

IV. Provide nouns to make meaningful Verb-Object phrases:

1. 悬挂_____   2. 标明_____   3. 调查_____

4. 承认_____   5. 请教_____   6. 归纳_____

7. 打听_____   8. 鉴赏_____   9. 运用_____

V. Expand the following groups of words into coherent sentences:

1. 店铺，招牌，减价，主顾，骄傲

2. 欺侮，漫天要价，偶然，标明，否则

3. 归纳，不外，脸皮，胆量，耐心

4. 伙计，货色，打草惊蛇，争辩，扫兴

5. 捧出，淡然处之，看准，交易，过瘾

VI. Make sentences with the underlined expressions:

1. 在尔虞我诈的情形之下，讲价便成为交易的必经阶段。

2. 讲价是交易的必经阶段，反正是"漫天要价，就地还钱"。

3.看准了他没有<u>什么</u>你<u>就要什么</u>，使他显着寒伧。

4.<u>除非</u>你在每一件东西上都粘一纸签标明价格，<u>否则</u>将不胜齐烦。

5.你只有红的，我偏要白的，<u>总之</u>是要把东西说得一文不值。

6.<u>如果</u>他心里软了，<u>那么</u>价钱上自然有了商量的余地。

7.价钱上自然<u>有</u>了商量<u>的</u>余地。

VII. Composition:

     1.写一篇讨价还价的对话

     2.聪明人也上了弥天大当

     3.评所谓"讲价的艺术"

夫婦之間

五倫	五伦	wǔlún	the five human relationships between: feudal ruler (monarch) and his subjects; father and son; husband and wife; older and younger brother; and friends
若		ruò	(Conj.) if
至於	至于	zhìyú	(Conj.) as for
君臣		jūnchén	(N) a feudal ruler and his officials
戀愛	恋爱	liàn'ài	(V-O) be in love
依		yī	(Prep.) according to
舊約	旧约	Jiùyuē	(N) the Old Testament
亞當	亚当	Yǎdāng	(N) Adam
夏娃		Xiàwá	(N) Eve
上帝		Shàngdì	(N) God
預定	预定	yùdìng	(V) fix or set in advance
階段	阶段	jiēduàn	(N) a period of time
西洋人		Xīyángrén	(N) Westerners
戀慕	恋慕	liànmù	(V) love and admire
管轄	管辖	guǎnxiá	(V) control

蛇		shé	(N) snake
處分	处分	chǔfèn	(N) punishment
萬世	万世	wànshì	(N) thousands of years
禍根		huògēn	(N) bane; the root of the trouble
妒忌		dùjì	(N) jealousy; envy
爭吵		zhēngchǎo	(N) quarrel
愛情	爱情	àiqíng	(N) love
墳墓	坟墓	fénmù	(N) grave; tomb
啓封	启封	qǐfēng	(V) unseal
泄氣	泄气	xièqì	(V-O) deflate
醉人		zuìrén	(Adj.) intoxicating
濃味	浓味	nóngwèi	(N) rich and strong flavor
淡水		dànshuǐ	(N) plain water
油鹽醬醋	油盐酱醋	yóuyánjiàngcù	(N) oil; salt; soy sauce and vinegar-- daily cooking spices
腌		yān	(V) preserve in salt or soy sauce
五味俱全		wǔwèi jùquán	(V) have all sorts of flavors
成家		chéngjiā	(V-O) get married

牛馬	牛马	niúmǎ	(N) ox and horse
磨坊		mò.fáng	(N) mill
農夫	农夫	nóngfū	(N) peasant
愛護	爱护	ài.hù	(V) take good care of
心情		xīn.qíng	(N) state of mind; mood
看家		kānjiā	(V-O) look after the house
搖尾獻媚	摇尾献媚	yáowěi xiànmèi	(V) wag the tail ingratiatingly
配偶		pèi'ǒu	(N) spouses
極	极	jí	(Adv.) extremely
莊嚴	庄严	zhuāngyán	(Adj.) solemn; dignified
正經	正经	zhèng.jing	(Adj.) respectable
人倫	人伦	rénlún	(N) human relations
描寫	描写	miáoxiě	(V) describe
一錢不值	一钱不值	yìqián bùzhí	not worth a penny
昇到	升到	shēngdào	(V-C) go up to
天堂		tiāntáng	(N) paradise
犯不着		fàn.buzháo	(V-C) not worthwhile

生氣	生气	shēngqì	(V-C) be angry
古人		gǔrén	(N) the ancients
妻不如妾		qī bùrú qiè	wife is not as good as concubine
妓		jì	(N) prostitute
偷		tōu	(V) carry on a clandestine love affair
不合時代	不合时代	bùhé shídài	(V-O) be out of keeping with the times
姘		pīn	(V) have illicit relations with
高等		gāoděng	(Adj.) advanced; supercilious
外遇		wàiyù	(N) an extramarrital / adulterous affair
財産	财产	cáichǎn	(N) property
嫁		jià	(V) marry (a man)
巨萬	巨万	jùwàn	(N) a huge sum of money; extreme wealth
家財	家财	jiācái	(N) family property
白髮紅顏	白发红颜	báifà hóngyán	(N) grey hair and rosy face (cheeks); an old man and a young girl
不妨		bùfáng	might as well
相安		xiāng'ān	(V) live in peace with each other
醇酒		chúnjiǔ	(N) pure mellow wine

非		fēi	不是
十分		shífēn	(Adv.) very; truly
傾心	倾心	qīngxīn	(V) fall in love; admire
輕易	轻易	qīngyì	(Adv.) rashly
以身相許	以身相许	yǐshēn xiāngxǔ	(V) promise to marry
據説	据说	jùshuō	it is said that
感情		gǎn.qíng	(N) affection
富於	富于	fùyú	(V) be imbued with
熱情	热情	rè.qíng	(N) passion; enthusiasm
寄托		jìtuō	(V) have... sated
並行不悖	并行不悖	bìngxíng búbèi	run parallel; both can be implemented without running into conflict
凡（是）		fán.shì	all; every
反目		fǎnmù	(V-O) fall out
腦筋	脑筋	nǎojīn	(N) mind; way of thinking
痴心		chīxīn	(N) infatuation
唯恐		wéikǒng	for fear that; lest
心上人		xīnshàngrén	(N) one's beloved

隨	随	suí	no matter
免不了		miǎn.bùliǎo	(Adv.) unavoidablly
吃醋		chīcù	(V-O) be jealous (of a rival in love)
占有欲		zhànyǒuyù	(N) desire for possession
高峰	高峰	gāofēng	(N) summit; height; peak
理髮匠	理发匠	lǐfàjiàng	(N) barber; hairdresser
親近	亲近	qīn.jìn	(V) be close to
青絲	青丝	qīngsī	(N) dark hair (of a female)
偶		ǒu	once in awhile
香烟		xiāngyān	(N) cigarette
烙		lào	(V) burn; brand
摧毀	摧毁	cuīhuǐ	(V-C) destroy; smash
顏色	颜色	yán.sè	(N) (pretty) face
以便		yǐbiàn	so as to; in order to
獨占	独占	dúzhàn	(V) monopolize
難免	难免	nánmiǎn	(Adj.) unavoidable
撅嘴		juēzuǐ	(V) pout

秒		miǎo	(N) second (1/60 minute)
揉眼睛		róu yǎn.jīng	(V-O) rub one's eyes
了不起		liǎo.buqǐ	(Adj.) terrific
甚至		shènzhì	(Adv.) even
遍體鱗傷	遍体鳞伤	biàntǐ línshāng	covered all over with cuts and bruises
擰	拧	níng	(V) pinch
週身	周身	zhōushēn	all over (the body)
青紫		qīngzǐ	(Adj.) black and blue
增進	增进	zēngjìn	(V) enhance
要素		yàosù	(N) key factor
勸解	劝解	quànjiě	(V) mediate; make peace between; patch things up between
未必		wèibì	(Adv.) may not
傻瓜		shǎguā	(N) fool; blockhead
街坊		jiē.fang	(N) neighbors
你管不着		nǐ guǎn.buzháo	It's none of your business!; You shouldn't interfere
老婆		lǎo.pó	(N) wife
逼		bī	(V) force

投河		tóuhé	(V-O) drown oneself (in a river)
催		cuī	(V) urge
上吊		shàngdiào	(V-O) hang oneself
爲妻所棄	为妻所弃	wéiqīsuǒqì	to be abandoned by one's wife
揪		jiū	(V) seize; hold tight
咬		yǎo	(V) bite
手腕		shǒuwàn	(N) wrist
改嫁		gǎijià	(V-O) (of a woman) remarry
相敬如賓	相敬如宾	xiāngjìng rúbīn	respectful and polite to each other
摩登		módēng	(Adj.) modern; fashionable
度蜜月		dù mìyuè	(V-O) go on a honeymoon
設宴	设宴	shèyàn	(V-O) give a banquet
話別	话别	huàbié	(V-O) say goodbye
攬臂	揽臂	lǎnbì	(V-O) arm in arm
律師	律师	lǜshī	(N) attorney
登廣告	登广告	dēng guǎnggào	(V-O) advertise (in a newspaper)
相約	相约	xiāngyuē	(V) agree

通信		tōngxìn	(V-O) correspond
相忘		xiāngwàng	(V) forget each other
讓	让	ràng	(V) yield; give ground
一丈		yízhàng	a unit of length (= 3 1/3 meters)
格言		géyán	(N) motto; aphorism; maxim
效力		xiàolì	(N) effect
字典		zìdiǎn	(N) dictionary
婦者服也	妇者服也	fùzhě fúyě	literally: wife means obedient
妻者齊也	妻者齐也	qīzhě qíyě	literally: wife means equal, even
笑話	笑话	xiàohuà	(N) joke
天地		tiāndì	(N) heaven and earth
乾坤		qiánkūn	(N) cosmos
字眼		zìyǎn	(N) words; diction
陰陽	阴阳	yīnyáng	(N) yin and yang; female and male
雌雄		cíxióng	(N) female and male
優越感	优越感	yōuyuègǎn	(N) sense of superiority
幸福		xìngfú	(N) happiness

保持		bǎochí	(V) keep
均勢	均势	jūnshì	(N) balance of power
壓倒	压倒	yāndǎo	(V-C) prevail over

夫 妇 之 间
～词语例句～

一. 若…就…　　　　　　　　　　　　　　　　　if…then…

　　※ 若不先有夫妇，就不会有所谓父子兄弟。

　　1.若价格太高，买的人自然就很少。

　　2.一个人若要有成就，就得不断地努力。

二. 由此看来　　　　　　　　　　　　　　　　judging from

　　※ 由此看来，仍应该说是夫妇最早。

　　1.这对夫妻共同生活了五十年。由此看来，他们的婚姻是成功的。

　　2.他衣服上的血斑和死者的血型一样。由此看来，他就是凶手。

三. 由…而 V.　　　　　　　　　　　　　　　　result from

　　※ 一切夫妇之间的妒忌和争吵，都是由此而起。

　　1.人与人之间的冲突常常是由互相不理解而导致的。

　　2.海湾战争是由石油问题而引发的。

四. 既…又…　　　　　　　　　　　　　　　　both…and…

　　※ 成了家，丈夫便把妻子当做狗，既要她看家，又要她摇尾献媚。

　　1.既要有美满的婚姻，又要有成功的事业，这就是他所追求的。

　　2.我和他认识多年了，我们既是师生，又是朋友。

五. 因/为…而 V.…

　　※ 那些因结了婚而更升到了"爱情的天堂"的人，是犯不着为看了

这一段话而生气的。

1.这次危机是因政府推行了错误的经济政策而发生的。

2.他因受到了奖励而更热爱现在的工作了。

六. 不如   not as good as

※ 妻不如妾，妾不如妓，妓不如偷。

1.去上海学中文不如去北京学中文。

2.纽约太拥挤，开车还不如步行快呢。

七. 不妨   might as well

※ 男人若有巨万的家财，白发红颜也不妨相安。

1.这种药治头疼很有效，你不妨试试。

2.不相信中国会改变的人不妨亲自去看看。

八. A 为的是 B   doing A is for the sake of B

※ 外遇为的是醇酒。

1.他们批评政府为的是帮助政府。

2.我每天都运动为的是减肥。

九. 以…相 V.   V…with…

※ 以身相许。

1.以礼相待

2.以好言相劝。

3.以权势相威胁

4.以死相逼

十. 富于...   be full of（abstract）

※ 因为富于热情的人，他的热情必须有所寄托。

1. 年轻人多半都富于幻想。

2. 美国是一个富于创造性的国家。

十一. 有所V...   somewhat, to some extent

※ 他的热情必须有所寄托。

1. 经过努力，我们的工作环境有所改善。

2. 因为经济衰退，人们的收入有所减少。

十二. 凡（是）...的N（都）...   all that..., every that...

※ 凡为了夫或妻有外遇而反目的人简直是观念太旧。

1. 凡是受过学校教育的中国人都会说普通话。

2. 凡是学过中文的美国人都对中国有兴趣。

十三. 唯恐+ V-phrase/sentence   for fear that

※ 有许多"痴心女子"，在结婚之前唯恐她的心上人不热情，结婚
以后，却又唯恐他太热情了。

1. 他反复向人解释他离婚的原因，唯恐被人误解。

2. 对新闻的严格控制说明政府唯恐老百姓了解外面的世界。

十四. A 也好 B 也好   it doesn't matter if it is A or B

※ 随你说观念太旧也好，脑筋不清楚也好，夫妇之间往往免不了吃
醋。

1. 婚姻是天堂也好，是坟墓也好，只要人类存在，婚姻就会继续。

2. 他有巨万家财也好，一无所有也好，我看重的只是他的人品。

十五. 免不了/难免　　　　　　　　　　　　unavoidable

※ 夫妇反目，也是免不了/难免的事情。

1. 经济衰退时期，大批工作者被解雇是免不了的。

2. 太相信广告的人难免上当受骗。

十六. ...，以便　　　　　　　　　　　　so as to; in order to

※ 让别人不再爱她，以便永远独占。

1. 我打算到中国去生活，以便进一步研究中国文化。

2. 政府不断地增加教育投资，以便更广泛地提高国民的教育水平。

十七. 为...所V...　　　　　　　　　　　　to be V-ed by

※ 这种男子未必为妻所弃。

1. 政府的新政策为老百姓所欢迎。

2. 我做的一切都为我父母所理解。

夫 妇 之 间
～练 习～

I. Translate the following expressions:

  1. unquenchable desire for possession

  2. the so-called "grave of love"

  3. the period of time when love is intoxicating

  4. the kind of love-life that has all sorts of flavors

  5. a （house）guard-dog that wags its tail ingratiatingly

  6. excuses for repeated/unending extramarrital affairs

  7. human relations out of the keeping with the times

  8. a prostitute unusually imbued with passion

II. Replace the underlined expressions with your own words
    without changing the meaning of the sentences:

  1.凡是因为丈夫或妻子有外遇而反目的人简直是头脑不清楚。

  2.他爱太太爱到了连理发匠为他太太剪头发他都会吃醋的地步。

  3.这对小情人因太相信"婚姻是爱情的坟墓"而始终不敢结婚。

  4.我这一辈子的生活都像淡水一样，没有什么值得回忆的。

  5.大家都很羡慕你，又成了家，又立了业，你还有什么不满足的呢?

  6.他就是因为她的热情而对她一见倾心，没想到结婚以后他却又唯恐她太

    热情了。

7. 你何必要批评"白发红颜"呢! 只要是真心相爱,年龄是无所谓的。

8. 夫妇之间应该是平等的,无论是<u>东风压倒西风</u>还是<u>西风压倒东风</u>都是不文明的夫妻关系。

III. Complete the following sentences with the given expressions:

1. 古人有"妻不如妾"的说法,现代人却说"婚不如姘",(由此看来)…

2. 美国政府不断地向发展中国家提供高科技援助,(以便)……

3. 父母一再嘱咐我专心念书,不要过早谈恋爱,(唯恐)……

4. 夫妇之间即使相亲相爱也(免不了)……

5. 中国向发达国家派出了大批的留学生,(为的是)……

6. 他对任何事情都能提出很好的建议,说明他(富于)……

IV. Answer questions:

1. 古往今来,人们对爱情与婚姻的关系有各种议论,你的看法是什么呢?

2. 你认为作者对"婚姻是爱情的坟墓"的解释有没有道理,为什么?

3. 外遇的双方如果是真爱,他们的行为就能为社会所接受吗?为什么?

4. 夫妇间真正的爱情是如何体现出来的?是相敬如宾吗?

5. 丈夫和妻子在家庭中的地位与社会的文明、进步有什么关系?

6. 你同意作者对"为什么会有外遇"的解释吗?你认为外遇的原因是什么?

7. 美国人大多对外遇有什么样的看法?

8. 如果你或你的配偶有了外遇,你怎么办呢?

V. Composition:

1. 克林顿夫妇的故事

2. 谈谈结婚和离婚

3. Write a short dialogue between a never yielding couple based on the last paragraph of the essay. The following expressions must be used:

   1. 妇者服也   2. 妻者齐也   3. 天地   4. 乾坤
   5. 阴阳   6. 雌雄   7. 优越感   8. 保持均势

漢奸的兒子

----- 紀念一個英勇孩子的死

漢奸	汉奸	hànjiān	(N) traitor (to China)
英勇		yīngyǒng	(Adj.) heroic; brave
敵人	敌人	dírén	(N) enemy
攻陷		gōngxiàn	(V) capture
安徽		Ānhuī	(N) Anhui Province
無爲	无为	Wúwéi	(N) name of a place
來不及		lái.bùjí	it's too late to (do something)
獸兵	兽兵	shòubīng	(N) brutish soldiers
鐵蹄	铁蹄	tiětí	(N) iron heel (cruel oppression of the people)
遭…輪奸	遭…轮奸	zāo…lúnjiān	(V-O) be gang raped
鴿子	鸽子	gē.zi	(N) pigeon; dove
握住		wòzhù	(V-C) hold
掌		zhǎng	(N) hand; palm
任…蹂躪	任…蹂躏	rèn…róulìn	(V) be forced to allow...to ravage
宰割		zǎigē	(V) trample upon

李海泉		Lǐ Hǎiquán	(N) name of a person
縣	县	xiàn	(N) county
紳士	绅士	shēnshì	(N) gentleman (gentry)
巴結	巴结	bā.jié	(V) kiss up to; butter somebody up
有錢有勢	有钱有势	yǒuqiányǒushì	(Adj.) wealthy and powerful
欺侮		qīwǔ	(V) bully
善良		shànliáng	(Adj.) good and honest
嫵媚	妩媚	wǔmèi	(Adj.) charming
如今		rújīn	(time word) now
麻疹		mázhěn	(N) measles
剩下		shèng.xià	(V-C) be left (over)
掌上明珠		zhǎngshàng míngzhū	(N) a pearl in the palm (the apple of one's eye)
盡量	尽量	jìnliàng	(Adv.) as far as possible
講究	讲究	jiǎng.jiū	(Adj.) fastidious; particular
裝		zhuāng	(V) put (in)
零食		língshí	(N) snacks
縣立	县立	xiànlì	county -run

科		kē	(N) a branch of academic study
平靜		píngjìng	(Adj.) without rising and falling; prosaic (life)
忽然		hūrán	(Adv.) all of a sudden
波瀾	波澜	bōlán	(N) billows
殘暴	残暴	cánbào	(Adj.) cruel and ferocious
竟		jìng	(Adv.) surprisingly
沒心肝		méi xīn'gān	heartless; no conscience
在...的卵翼下		zài...deluǎnyìxià	under the aegis of; shielded by
偷生		tōushēng	(V) drag out an ignoble existence
昇官發財	升官发财	shēngguān fācái	(V-O) be out for power and money
不顧	不顾	búgù	(V) ignore
廉恥		liánchǐ	(N) sense of shame
打扮		dǎ.bàn	(V) dress up
寇酋		kòuqiú	(N) invader chieftain
幕		mù	(N) scene
刻		kè	(V) engrave on
肺腑		fèifǔ	(N) the bottom of one's heart

永世		yǒngshì	(Adv.) forever
醜劇	丑剧	chǒujù	(N) disgusting farce
刺痛		cìtòng	(V) be pricked with thorn
收拾		shōu.shí	(V) tidy up
堂屋		tángwū	(N) central room of a traditional Chinese house
探視	探视	tànshì	(V) try to find out
餓犬	饿犬	èquǎn	(N) hungry dogs
中條	中条	Zhōngtiáo	(N) name of a Japanese
聯隊長	联队长	liánduìzhǎng	(N) united army commander
一溜烟	一溜烟	yìliūyān	(Adv.) in a flash; swiftly
老婆		lǎo.pó	(N) wife
週身	周身	zhōushēn	(N) all over the body
血液		xuèyè	(N) blood
沸騰	沸腾	fèiténg	(V) boil
嘴		zuǐ	(N) mouth
發出	发出	fāchū	(V-C) give out; issue
懷裏	怀里	huái.lǐ	(N) (in) one's arms

突然		tūrán	(Adv.) suddenly
晃動	晃动	huàng.dòng	(V-C) sway
頓時	顿时	dùnshí	(Adv.) immediately; at once
上…藥	上…药	shàng…yào	(V-O) apply…medicine
麻醉藥	麻醉药	mázuìyào	(N) anaesthesia
昏迷		hūnmí	(V) be in a coma
仿佛		fǎngfú	(Adv.) 好像
漆黑		qīhēi	(Adj.) pitch-dark
血腥		xuèxīng	(Adj.) bloody; bloodstained; sanguinary
魔鬼		móguǐ	(N) devil; monster
吞噬		tūnshì	(V) engulf; gobble up
吮吸		shǔnxī	(V) suck
咬嚼		yǎojiáo	(V) bite; snap at
胸		xiōng	(N) chest
燃		rán	(V) burn
熊熊		xióngxióng	(Adj.) raging (fire)
哭泣		kūqì	(V) cry

注定		zhùdìng	(Adv.) be doomed; predestined
虎口		hǔkǒu	(N) tiger's mouth -- jaws of death
復仇	复仇	fùchóu	(V-O) revenge
禮物	礼物	lǐwù	(N) gift
他媽的	他妈的	tāmā.de	damn
啪啪		pāpā	onomatopoeia
耳光		ěrguāng	(N) a slap on the face; a box on the ear
賜予	赐予	cìyǔ	(V) bestow
嘗到	尝到	chángdào	(V-C) taste
滋味		zīwèi	(N) a taste
羞耻		xiūchǐ	(N) shame
巴掌		bāzhǎng	(N) a slap; palm
報復	报复	bàofù	(V) seek revenge
原來		yuánlái	(Adv.) it turns out that
憤恨	愤恨	fènhèn	(N) indignation; anger
毒蛇		dúshé	(N) poisonous/venomous snake
恨不得		hèn.bu.de	(Adv.) one would if one could

斬	斬	zhǎn	(V) chop; cut
段		duàn	(N) a segment; a part
理智		lǐzhì	(N) reason; sense
黑暗		hēi'àn	(Adj.) dark
地獄	地狱	dìyù	(N) hell
屠場	屠场	túchǎng	(N) slaughterhouse
奸淫		jiānyín	(V) rape
擄掠	掳掠	lǔlüè	(V) loot
演出		yǎnchū	(V) show
同胞		tóngbāo	(N) compatriot
雪恥		xuěchǐ	(V-O) avenge an insult
岳飛	岳飞	Yuè Fēi	(1103-1142) a national hero of the Southern Song period
捨身報國	舍身报国	shěshēn bàoguó	(V) sacrifice oneself to rescue one's country
絕頂	绝顶	juédǐng	(Adv.) extremely
臨機應變	临机应变	línjī yìngbiàn	(V) act according to circumstances
抗戰	抗战	kàngzhàn	(N) the Anti-Japanese War (1937-1945)
屬於	属于	shǔyú	(V) belong to

公敵	公敌	gōngdí	(N) public enemy
置...於死地	置...于死地	zhì...yú sǐdì	(V) put...in a deathtrap/fatal position
黑沉沉		hēichénchén	(Adj.) a dark mass of
恐怖		kǒngbù	(N) terror
挨		ái	(V) drag out (time)
綁	绑	bǎng	(V) truss up
少女		shàonǚ	(N) young girl
假裝		jiǎzhuāng	(V) pretend
敬酒		jìngjiǔ	(V-O) toast
勸菜	劝菜	quàncài	(V-O) urge...to eat
代課	代课	dàikè	(V-O) take over a class
不可開交	不可开交	bùkěkāijiāo	be awfully (busy)
壯丁	壯丁	zhuàngdīng	(N) able-bodied man (subject to conscription)
白郎寧	白郎宁	báilángníng	(N) browning pistol
呆住		dāi.zhù	be scared stiff
晶瑩	晶莹	jīngyíng	(Adj.) crystal - clear
眼珠		yǎnzhū	(N) pupil; eyeball

顫抖	颤抖	chàndǒu	(Adj.) shaking; trembling
膽小	胆小	dǎnxiǎo	(Adj.) timid
千萬不要	千万不要	qiānwàn búyào	under no circumstances
麻子		má.zi	(N) pockmarks
拖		tuō	(V) drag
打盹		dǎdǔn	(V-O) doze off
擔任	担任	dānrèn	(V) hold the post of
守衛	守卫	shǒuwèi	(N) guard
任務	任务	rènwù	(N) job; mission
扣上		kòu.shàng	(V-C) latch (the door)
堆		duī	(V) pile up
稻草		dàocǎo	(N) rice straw
點燃	点燃	diǎnrán	(V) light
塞		sāi	(V) stuff
火焰		huǒyàn	(N) flame
亂竄	乱窜	luàncuàn	(V) scurry in all directions
游擊隊	游击队	yóu.jīduì	(N) guerrilla forces

夜襲	夜袭	yèxí	(N) night attack
連忙	连忙	liánmáng	(Adv.) promptly; at once; hastened to
示威		shìwēi	(V) show force
李富卿		Lǐ Fùqīng	(N) name of a person
放火		fànghuǒ	(V-O) set on fire
衝出來	冲出来	chōng.chūlái	(V-C) dash out
鎖上	锁上	suǒ.shàng	(V-C) be locked up
罪惡滔天	罪恶滔天	zuì'è tāotiān	guilty of monstrous crimes
葬送		zàngsòng	(V) ruin
冤枉		yuān.wǎng	(Adj.) unjustly
放哨		fàngshào	(V-O) stand sentry; sentinel
斷定	断定	duàndìng	(V) come to a conclusion
子彈	子弹	zǐdàn	(N) bullet
從容就義	从容就义	cōngróng jiùyì	meet one's death unflinchingly (like a hero)
壯烈	壮烈	zhuàngliè	(Adj.) heroic

汉奸的儿子

～词语例句～

一. 竟（然）   surprisingly

※ 他做梦也没有想到父亲竟是这样一个没有心肝的人。

1.他移民来美国已经三十年了竟不会说一个英文字。

2.这些美国大学生竟不知道美国有多少个州。

二. 恨不得   one would if one could

※ 他恨不得一刀就将他的父亲和中条斩成两段。

1.考试一结束，学生们都恨不得立刻回到家。

2.很多人恨不得中国一夜之间就有了民主制度，那怎么可能呢?

三. 千万 V.（only in imperative sentences）   be sure; must

※ 记着，你今后千万不要和父亲在一块儿。

1.开车的时候千万要系好安全带。

2.你负这么大的责任，千万不可掉以轻心啊!

汉奸的儿子

～练　习～

I.　Use the given expressions to make the following sentences complete and coherent:

　　1.这种人连最基本的羞耻心都没有，（更不用说）……

　　2.他一心想着升官发财，（只要…没有不尽量…）……

　　3.原来你丈夫是个魔鬼，（我做梦也没想到…，更没想到…）……

　　4.这家伙罪恶滔天，（注定）……

　　5.他害怕得周身发抖，（恨不得）……

　　6.能升官发财固然好，但（千万不要）……

II.　Fill in each of the blanks with a word from the list:

　　1.来不及　2.恨不得　3.掌上明珠　4.讲究　5.罪恶滔天

　　6.尝到滋味　7.临机应变　8.属于　9.不可开交　10.仿佛

　　1.小丁特别善于_____，口试时都能对答如流。

　　2.独生子女在家里的地位早已从父母的_____上升为家里的小皇帝了。

　　3.总统又要管国家大事，又要找女朋友，当然会忙得_____。

　　4.离上课只有两分钟了，肯定_____了，只好找个借口了。

　　5.上当受骗的感觉真不好，这次去中国买东西，我可_____了。

　　6.他为了个人私利而置很多人于死地，真是_____。

　　7.她很_____外表，每天都花很多时间打扮自己。

　　8.看到他这么不知羞耻，我_____给他一个耳光。

9.熊熊的大火_____要吞噬整个世界。

10.未来的世界永远是_____年轻人的。

III. Expand each of the following groups of expressions into coherent sentences, adding anything necessary:

1.巴结　有钱有势　升官发财　欺侮　善良

2.攻陷　来不及　遭…蹂躏　敌人　残暴

3.复仇　假装　置…于死地　恨不得　壮烈

4.黑沉沉　恐怖　理智　仿佛　注定

IV. Provide nouns to make meaningful Verb-Object phrases:

宰割_____　　巴结_____　　欺侮_____

收拾_____　　探视_____　　报复_____

葬送_____　　守卫_____　　吮吸_____

V. Answer questions:

1.什么样的人可以算是英勇的人?

2.喜欢巴结的人往往会做什么事?

3.你有过临机应变的经历吗?举一个例子说明。

4.李海泉认为自己是属于国家的，而不是父母的私产，你对此有什么看法?

5.在对待敌人的方式上，你更赞同海泉还是他母亲的做法?为什么?

6.李海泉的行为与中国人的孝顺观念有什么冲突?

VI. Write a passage to summerize the story in about 200 words.

過　客 *

過客	过客	guòkè	(N) passer-by; passing traveller
黃昏		huánghūn	(N) dusk
或		huò	a certain (time, person or place)
處	处	chù	(N) place
人		rén	(N) character; personage
老翁		lǎowēng	(N) old man
約	约	yuē	(Adv.) about
鬚髮	须发	xūfà	(N) beard and hair
長袍	长袍	chángpáo	(N) long gown; robe
紫		zǐ	(Adj.) purple
烏	乌	wū	(Adj.) dark
眼珠		yǎnzhū	(N) eyeball
白地		báidì	(N) white background (of cloth)
黑方格		hēifānggé	(N) black squares
長衫	长衫	chángshān	(N) (unlined) long gown
狀態	状态	zhuàng.tài	(N) appearance; form

困頓	困顿	kùndùn	(Adj.) tired out; exhausted
倔强		juéjiàng	(Adj.) stubborn; unbending
眼光		yǎnguāng	(N) look (expression)
陰沉	阴沉	yīn.chén	(Adj.) glum; of sombre countenance
皆		jiē	(Adv.) all
破碎		pòsuì	(Adj.) worn-out; ragged; tattered
赤足		chìzú	(N) bare foot
著	着	zhuó	(V) wear
脅下	胁下	xiéxià	(N) area under armpit
口袋		kǒu.dài	(N) bag; sack
支		zhī	(V) lean on (a stick)
等身		děngshēn	(Adj.) equal to the height of one's body
竹杖		zhúzhàng	(N) bamboo cane
株		zhū	AN for trees
雜	杂	zá	(Adj.) mixed and disorderly
瓦礫	瓦砾	wǎlì	(N) rubble; debris
荒涼		huāngliáng	(Adj.) bleak and desolate; wild

破敗	破败	pòbài	(Adj.) ruined; dilapidated
叢葬	丛葬	cóngzàng	(N) overrun graveyard
其間	其间	qíjiān	among them
痕迹		hénjī	(N) track; trace
土屋		tǔwū	(N) house made of earth
扇		shàn	AN for door or window
側	侧	cè	(N) side
段		duàn	AN for part or segment
枯		kū	(Adj.) withered; dried up; dead
樹根	树根	shùgēn	(N) root of a tree; stump
攙	搀	chān	(V) support someone by the arm
扶		fú	(V) support someone with one's hand
太陽	太阳	tài.yáng	(N) the sun
乞丐		qǐgài	(N) beggar
罷	罢	bà	吧
蹌踉	跄踉	qiàngliàng	(Adj.) staggering; limping
暫時	暂时	zànshí	(Adj.) temporary; shortly

躊躇	踌躇	chóu.chú	(V) hesitate
之後	之后	zhīhòu	after
老丈		lǎozhàng	(N) a respectful term of addressing an old man (archaic)
托福		tuōfú	(V-O) thank you (archaic)
冒昧		mào.mèi	(Adj.) take the liberty to; venture to; make bold to
討	讨	tǎo	(V) beg
渴		kě	(Adj.) thirsty
池塘		chítáng	(N) pond; pool
水窪	水洼	shuǐwā	(N) puddle
默默地		mòmò.de	(Adv.) quietly; silently
客官		kèguān	(N) a polite term for traveller (archaic)
稱呼	称呼	chēnghū	(V) call; address
各式各樣	各式各样	gèshìgèyàng	(Adj.) all kinds of
況且		kuàngqiě	(Conj.) in addition; moreover
略		lüè	(Adv.) slightly; briefly
遲疑	迟疑	chíyí	(V) hesitate
單	单	dān	(Adj.) only

接着		jiē.zhe	carry on; continuously
指		zhǐ	(V) point
捧		pěng	(V) hold in both hands
遞	递	dì	(V) hand over; pass
盡	尽	jìn	(Adj.) finished; empty
少有		shǎoyǒu	(Adj.) rare; hard to come by; difficult to get
好意		hǎoyì	(N) kindness; good intention
感激		gǎnjī	(V) feel grateful; thank
恢復	恢复	huīfù	(V) recover; regain
力氣	力气	lìqì	(N) strength
大約	大约	dàyuē	(Adv.) approximately; about
久		jiǔ	long period of time
所在		suǒzài	(N) place
墳	坟	fén	(N) grave; tomb
詫異	诧异	chàyì	(Adj.) be surprised; be astonished
野		yě	(Adj.) wild
百合		bǎihé	(N) lily

薔薇	蔷薇	qiángwēi	(N) rose
顧	顾	gù	(V) look at; turn round and look at
仿佛		fǎngfú	(V) seem; look like
微笑		wēixiào	(V) smile
來路		láilù	(N) incoming road; origin
熟悉		shú.xī	(Adj.) familiar
莫		mò	(Adv.) don't
怪		guài	(V) blame
多嘴		duōzuǐ	(V-O) speak out of place
勞頓	劳顿	láodùn	(Adj.) fatigued; weary
回轉	回转	huízhuǎn	(V) turn back
料不定		liào.budìng	(V-C) difficult to predict; may not be
沉思		chénsī	(V) ponder
驚起	惊起	jīngqǐ	(V) suddenly stand up
名目		míngmù	(N) pretext; false pretences; names of things
地主		dìzhǔ	(N) landlord
驅逐	驱逐	qūzhú	(V) drive out; expel; banish; expulsion

牢籠	牢笼	láolóng	(N) trap; snare; cage
皮面		pímiàn	(N) the surface of one's face
皮面的笑容		pímiàn.de xiàoróng	(N) hypocritical smiling
眶		kuàng	(N) eye socket; area around the eyes
眼淚	眼泪	yǎnlèi	(N) tears
眶外的眼淚		kuàngwài.de yǎnlèi	(N) hypocritical tears
憎惡	憎恶	zèngwù	(V) abhor; loathe; abominate
那也不然		nàyěbùrán	it may not be so
遇見	遇见	yùjiàn	(V-C) meet
心底		xīndǐ	(N) deep in one's heart; in the bottom of one's heart
悲哀		bēi'āi	(Adj.) sad; sorrowful
搖頭	摇头	yáotóu	(V-O) shake one's head
催促		cuīcù	(V) urge; hasten
叫喚		jiào.huàn	(V) call
息		xī	(V) rest
可恨		kěhèn	(Adj.) hateful; it's a pity that
流血		liúxiě	(V-O) bleed

舉起	举起	jǔqǐ	(V-C) lift; raise
補充	补充	bǔchōng	(V) replenish; add
感到		gǎndào	(V) feel; sense
不足		bùzú	(Adj.) not enough; lacking
稀薄		xībó	(Adj.) rare; thin; few
緣故		yuángù	(N) reason
未必		wèibì	(Adv.) not necessarily
似乎		sìhū	(Adv.) seemingly; as if
曾經	曾经	céngjīng	(Adv.) have V-ed in the past
不理		bùlǐ	(V) pay no attention to; ignore
吃驚	吃惊	chījīng	(Adj.) be shocked; be amazed
傾聽	倾听	qīngtīng	(V) listen attentively to
一片布		yípiànbù	(N) a thin piece of cloth
裹		guǒ	(V) wrap; bind; bandage
接取		jiēqǔ	(V) receive; take
就		jiù	(V) reach to; go to
斷磚	断砖	duànzhuān	(N) broken brick

纏	缠	chán	(V) bind
腳踝		jiǎohuái	(N) ankle
竭力		jiélì	(Adv.) do one's utmost; to exert all one's strength
在我		zàiwǒ	as for me
布施		bùshī	(N) alms giving
最上的		zuìshàng.de	(Adj.) the best
當真		dàngzhēn	(V) take seriously
倘使		tǎngshǐ	(Conj.) if; in case; supposing
兀鷹	兀鹰	wūyīng	(N) griffon vulture
死屍	死尸	sǐshī	(N) corpse; dead body
四近		sìjìn	(place word) nearby; nearby region
徘徊		páihuái	(V) pace up and down; walk back and forth
祝願		zhùyuàn	(V) wish
滅亡	灭亡	mièwáng	(V) die out; become extinct
親自	亲自	qīn.zì	(Adv.) in person
咒詛	咒诅	zhòuzǔ	(V) swear; imprecate
一切		yíqiè	(N) all; everything

力量		lìliàng	(N) strength; energy
即使		jíshǐ	(Conj.) even; even though
境遇		jìngyù	(N) one's circumstances; one's lot
穩當	稳当	wěn.dàng	(Adj.) proper; sound; safe
驚懼	惊惧	jīngjù	(Adj.) be frightened; alarmed and panicky
後退	后退	hòutuì	(V) move back; step back
似		sì	(Adv.) seemingly; as if
點頭	点头	diǎntóu	(V-O) nod
裝		zhuāng	(V) pack
頹唐	颓唐	tuítáng	(Adj.) dejected; dispirited; in dismay
背		bēi	(V) carry on the back
背不動	背不动	bēi.budòng	(V-C) unable to carry
默想		mòxiǎng	(V) think quietly
驚醒	惊醒	jīngxǐng	(V-C) wake up with a start
腰		yāo	(N) waist
伸腰		shēnyāo	(V-O) stretch or straighted one's back
告別		gàobié	(V) say good-bye

收回		shōuhuí	(V-C) take back
斂	敛	liǎn	(V) hold back; draw back
躲		duǒ	(V) hide
重		zhòng	(Adj.) heavy
隨時	随时	suíshí	(Adv.) at any time; at all times
拋		pāo	(V) throw; toss
拍手		pāishǒu	(V-O) clap hands
平安		píng'ān	(Adj.) safe and sound
然而		ránér	(Conj.) but; however
即刻		jíkè	(Adv.) at once
昂頭	昂头	ángtóu	(V-O) hold one's head high, raise one's head
奮然	奋然	fènrán	(Adv.) vigorously; courageously; resolutely
隨即	随即	suíjí	(Adv.) right after
闔	阖	hé	(V) close; shut
野地		yědì	(N) wilderness
闖進	闯进	chuǎngjìn	(V-C) rush in; storm in
夜色		yèsè	(N) the dim light of night

过　客
～词语例句～

一. **似 A 非 A**　　　　　　　　　　　look like A but not A

※ 西，是荒凉破败的丛葬，其间有一条似路非路的痕迹。

1. 他那似笑非笑的样子真让人猜不透他到底是什么意思。

2. 这些哲学理论太复杂了，每堂课都让我似懂非懂的。

二. **偏（偏）**　　　　　　　　　　against expectation，despite

※ 你偏是要看谁。

1. 小孩子的特点就是偏要做大人不让他们做的事。

2. 谁都知道中国有臭虫，他却偏偏不相信。

三. **况且**　　　　　　　　in addition; moreover; besides

※ …况且相同的称呼也没有听到过第二回。

1. 这个问题不容易回答，况且今天也没有时间给你答案了。

2. 毕业论文没写完，况且还得找工作，忙死了。

四. **可**　　　　　　　　　　　　　（emphatic use）

※ 老丈，你可知道前面是怎么一个所在么？

1. 你可听说过这么稀奇古怪的事么？

2. 你可别忘了告诉他。

五. **A 还不如 B**　　　　doing A is not as good as doing B

※ 你已经这么劳顿了，还不如回转去，因为你前去也料不定可能走

完。

1. 在北京吃卖当劳还不如吃烤鸭呢。

2. 看这种电影还不如待在家里睡觉呢。

六. 没（有）一+ AN+ N没/不...　　　　　　　　　　　every

※ 没一处没有名目。

1. 在中国，没有一个孩子不是家里的小皇帝。

2. 没有一个国家没有问题。

七. 无论　　　　　　　　　　　regardless of; no matter

※ 可是我也不愿意喝无论谁的血。（无论谁的血我也不愿意喝。）

1. 无论是繁体字还是简体字都是中国的文字。

2. 卫星使我们可以看到无论在世界的哪个地方发生的新闻。

八. 就（着）...V.　　　　　　　　　　come near; move towards

※ 过客就断砖坐下，要将布缠在脚踝上。

1. 停车场满了，我只好就着路边儿的人行道把车停下。

2. 宿舍里停电的时候，许多学生都就着街上的路灯看书 。

九. 倘使...就...　　　　　　　　　　suppose that; if

※ 倘使我得到了谁的布施，我就要向兀鹰看见死尸一样...

1. 倘使他明白了生命的意义，他就一定会珍惜的。

2. 倘使有了民主的制度，中国就更伟大了。

十. 即使...也　　　　　　　　　　even if

※　即使有这力量，我也不愿意她有这样的境遇。

1. 一个人即使有了一些成就，也还要继续努力。

2. 他每天跑步，即使下大雪的天气也从不间断。

过　客

～练　习～

I. Translate the following phrases:

    a. the smouldering gaze of the passer-by

    b. （facial）expression with a faint smile

    c. a beggar walking with limping steps

    d. gardens full of wild roses and lilies

    e. the forlorn and ruined graveyard

    f. the sham smile of the cruel landlord

    g. griffon vultures deserving curse

    h. a stray dog pacing up and down the street

    i. sorrowful tears of the old man

    j. cages of very thin air

II. Make sentences with the underlined expressions:

1.我一路走，有时人们也随便称呼我，各式各样的，<u>况且</u>相同的称呼也没有听到过第二回。

2.你已经这么劳顿了，还<u>不如</u>回转去，<u>因为</u>你前去<u>也料不定</u>可能走完。

3.回到那里去，就<u>没</u>一处<u>没</u>有名目，<u>没</u>一处<u>没</u>有眶外的眼泪。

4.<u>倘使</u>我得到了谁的布施，我<u>就要象</u>兀鹰看见死尸一样，在四近徘徊，祝愿她的灭亡，给我亲眼看见。

5.我没有这样的力量，<u>即使</u>有这力量，我<u>也</u>不愿意她有这样的境遇，<u>因为</u>她们大概总不愿意有这样的境遇。

III. Answer the following questions:

1. 这个短剧中的三个人各代表什么?

2. 作者为什么用三个人中的"过客"作为剧本的题目?有什么特别的用意?

3. 过客"一直走"而且"息不下"这个过程代表了什么?

4. 作者对人生的三个阶段的看法是什么?

5. 死亡和坟墓对你来说意味着什么?

6. 在走向死亡的过程中,年龄对人的态度有什么影响?

7. 人的有限的生命有没有什么永恒的意义?

8. 你对人生的规律有什么特别的看法?

9. 既然生命如此短暂,"活着"的实际意义是什么呢?

10. 我们应该怎样生活才能使有限的生命具有无限的意义呢?

11. 作者希望通过《过客》来表现一种什么样的精神境界?

IV. Expand each group of words into coherent sentences:

1. a. 丛葬　b. 荒凉　c. 枯树根　d. 痕迹　e. 破败

2. a. 口渴　b. 力气　c. 稀薄　d. 迟疑　e. 冒昧

3. a. 遇见　b. 熟悉　c. 似乎　d. 吃惊　e. 告别

4. a. 倔强　b. 亲自　c. 倘使　d. 暂时　e. 稳当

5. a. 乞丐　b. 颓唐　c. 悲哀　d. 随时　e. 驱逐

6. a. 少有　b. 好意　c. 未必　d. 可恨　e. 诅咒

7. a. 流血　b. 恢复　c. 力量　d. 感激　e. 况且

8. a. 太阳　b. 催促　c. 叫唤　d. 竭力　e. 一切

V. Translate the following dialogue:

过客: Good evening, Sir.

老翁: Thank you. Good evening.

过客: Sir, I am parched after walking. May I make so bold as to ask for a cup of water?

老翁: Sure, that's all right. Sit down please. I'll fetch you some water.......Here's the water. What's your name?

过客: My name? I don't know. While on my journey, people call me by this name or that one as the fancy takes them.

老翁: I see. Well, where are you going?

过客: I don't know. I have been walking like this ever since I can remember.

老翁: Hmm.... Then may I ask you where you are going?

过客: I'm on my way to some place ahead. Do you know what kind of place that lies before us?

老翁: Over there? there are graves over there.

过客: Then, what lies beyond the graveyard?

老翁: That I don't know. I have never been beyond the graves. But you are already so tired, I think you would do better to go back.

过客: Impossible! I must go on.

老翁: Don't take offence at what I say, but I'm afraid you may never reach the end of your journey.

过客: You may be right. But I have to go on. Besides, there is a voice ahead urging me on and calling me so that I can not rest.

老翁: I know.

过客: You know that voice?

老翁: Yes. It seems to have called me before, as well. But I ignored it, so it stopped.

过客: Ah, you ignored it...... No! I can't! I must go on. I can't rest.

老翁: Good-bye then. Peace with you. Look, the sun has already set. Good-night.

过客: Thank you. May peace be with you. I must leave. I had better go. （Raising his head, he walks on resolutely towards the wilderness, and night falls behind him. ）

VI. Composition:

　　1. 我的人生观

　　2. 追求与探索的意义

　　3. "过客"让我想到......

詩　意

王蒙		Wáng Měng	(N) name of a person
患		huàn	(V) suffer from (an illness)
口吃		kǒuchī	(V) stutter
症		zhèng	(N) illness; disease
以...而著稱	以...而著称	yǐ...érzhùchēng	be famous for
巧舌如簧		qiǎoshé rúhuáng	have a glib tongue
口若懸河	口若悬河	kǒuruò xuánhé	flowing eloquence
詢問	询问	xúnwèn	(V) inquire; ask about
是否		shìfǒu	是不是
聲樂	声乐	shēngyuè	(N) vocal music; voice lessons
嘶啞	嘶哑	sīyǎ	(Adj.) hoarse
結巴	结巴	jiē.ba	(Adj.) stuttering
囁嚅		nièrú	(Adj.) stammering
模模糊糊		mó.mohú.hu	(Adj.) vague; indistinct
勝利	胜利	shènglì	(N) victory

失敗	失败	shībài	(N) defeat
致敬		zhìjìng	(N) salute; praise
討伐	讨伐	tǎofá	(N) punishment
崇高		chónggāo	(Adj.) lofty; sublime
卑下		bēixià	(Adj.) low; vile
愛戀	爱恋	àiliàn	(N) love
怨仇		yuànchóu	(N) hate
富貴	富贵	fùguì	(N) wealth
貧賤	贫贱	pínjiàn	(N) poverty
渺小		miǎoxiǎo	(Adj.) petty; trivial
愚蠢		yúchǔn	(N) stupidity
真理		zhēnlǐ	(N) truth
謬誤	谬误	miùwù	(N) falsehood
維繫	维系	wéixì	(V) hold; maintain
區別	区别	qūbié	(V) distinguish
形成		xíngchéng	(V) form
瓦解		wǎjiě	(V) disintegrate; undermine

乾脆説吧干脆说吧		gāncuì shuō.ba	speak in a straightforward(clear-cut) way
尚不滿		shàng.bùmǎn	還不到 (...years old)
花甲		huājiǎ	(N) a cycle of sixty years
障礙	障碍	zhàng'ài	(N) obstacle
機構	机构	jīgòu	(N) offices
就診	就诊	jiùzhěn	(V-O) seek medical advice
檢查	检查	jiǎnchá	(V) diagnostic; testing
手段		shǒuduàn	(N) implement; method
翻		fān	(V) turn over
卸成		xièchéng	(V-C) strip...to
零碎		língsuì	(N) pieces; fragments
拼接		pīnjiē	(V) put together
整塊	整块	zhěngkuài	(N) in one piece
究竟		jiūjìng	(N) outcome; what actually happened
求助		qiúzhù	(V) seek help
直覺	直觉	zhíjué	(N) intuition
夜深人静		yèshēn rénjìng	the still of night

諦聽	谛听	dìtīng	(V) listen...attentively; attune...to
日月		rìyuè	(N) the sun and the moon
衆星	众星	zhòngxīng	(N) the stars
風露	风露	fēnglù	(N) wind and dew
尋找	寻找	xúnzhǎo	(V) look for
歧途		qítú	(N) wrong road; forks in life
關口	关口	guānkǒu	(N) strategic pass; juncture
苦惱	苦恼	kǔnǎo	(N) vexation; worries
傾聽	倾听	qīngtīng	(V) listen attentively to
判斷	判断	pànduàn	(N) judgement
頓悟	顿悟	dùnwù	(N) sudden enlightenment
枕頭	枕头	zhěn.tóu	(N) pillow
紡織	纺织	fǎngzhī	(V) spin
原色		yuánsè	(N) primary colors
土布		tǔbù	(N) handwoven / homespun cloth
縫	缝	féng	(V) sew
蕎麥皮	荞麦皮	qiáomàipí	(N) buckwheat husks

枕芯		zhěnxīn	(N) pillow
鋪	铺	pū	(V) spread
披		pī	(V) cover
亞麻布	亚麻布	yàmábù	(N) linen
面世		miànshì	(V) come to the world
何等		héděng	(Adv.)多麼 . . . !
摸		mō	(V) touch; feel; stroke
結實	结实	jiē.shí	(Adj.) sturdy
厚厚薄薄		hòu.hòubáo.báo	(Adj.) thin and thick; uneven
粗粗糙糙		cū.cūcāo.cāo	(Adj.) coarse; rough
棱		léng	(N) ridges
疙瘩	疙瘩	gē.da	(N) knots
毛刺		máocì	(N) burrs
乃至		nǎizhì	(Adv.) and even
充填		chōngtián	(V) fill
吸		xī	(V) absorb; suck up
頭油	头油	tóuyóu	(N) hair oil

汗水		hànshuǐ	(N) sweat
滲發出	渗发出	shènfāchū	(V) emit
股		gǔ	AN for a smell
特殊		tèshū	(Adj.) special
氣息	气息	qìxī	(N) smell; odor; flavour
巧克力		qiǎo.kèlì	(N) chocolate
木棉		mùmián	(N) kapok
蒲絨	蒲绒	púróng	(N) cattail wool
鴨絨	鸭绒	yāróng	(N) down
長方	长方	chángfāng	(N) rectangular
正方		zhèngfāng	(N) square
枕套		zhěntào	(N) pillowcase
拒絕	拒绝	jùjué	(V) decline
嘲笑		cháoxiào	(V) ridicule
博物館	博物馆	bówùguǎn	(N) museum
祖傳	祖传	zǔchuán	handed down from one's ancestors
家粹		jiācuì	(N) family essence

氣功	气功	qìgōng	(N) Kung Fu
武術	武术	wǔ.shù	(N) martial arts
國粹	国粹	guócuì	(N) national essence
捂		wǔ	(V) hold and cover
指責	指责	zhǐzé	(V) blame
污染		wūrǎn	(V) pollute
清新		qīngxīn	(Adj.) clean; pure and fresh
愈益		yùyì	(Adv.) 更
幾度	几度	jǐdù	幾次
更新		gēngxīn	(V) renovate
卧室		wòshì	(N) bedroom
用具		yòngjù	(N) furnishing
協調	协调	xiétiáo	(V) be in tune with; match
扔掉		rēng.diào	(V) throw away
回顧	回顾	huígù	(V) look back
輕微	轻微	qīng.wēi	(Adj.) slight
沙啞	沙哑	shāyǎ	(N) hoarseness

115

愈演愈烈		yùyǎn yùliè	getting steadily worse
保姆		bǎomǔ	(N) house sitter
縫補	缝补	féngbǔ	(V) patch; mend
企圖	企图	qǐtú	(V) attempt
壓根兒	压根儿	yāgēnr	(Adv.) 根本
存在		cúnzài	(V) exist
消失		xiāoshī	(V) disappear
追問	追问	zhuīwèn	(V) make a detailed inquiry
逼		bī	(V) compel
反詰	反诘	fǎnjié	(V) ask in retort; a backlash
故鄉	故乡	gùxiāng	(N) hometown
鄉	乡	xiāng	(N) township
區	区	qū	(N) district
縣	县	xiàn	(N) county
幹部	干部	gàn.bù	(N) leading cardres
烙餅	烙饼	làobǐng	(N) wheatcake
炖肉		dùnròu	(N) stewed pork

水魚	水鱼	shuǐyú	(N) soft-shelled turtle
炸鵪鶉	炸鹌鹑	zhá' ānchún	(N) deep-fried quail
爭着V		zhēng.zhe V	(V) scramble for
化肥		huàféi	(N) chemical fertilizer
塑料		sùliào	(N) plastics
木材		mùcái	(N) lumber
水泥		shuǐní	(N) cement
玻璃		pōlí	(N) glass
禮	礼	lǐ	(N) gift
包括...在内		bāokuò...zàinèi	(V) including
運	运	yùn	(V) ship
綿綿軟軟	绵软	miánruǎn	(Adj.) soft and squishy
綉花	绣花	xiùhuā	(V-O) embroider
產量	产量	chǎnliàng	(N) output
消化		xiāohuà	(V) digest
水利		shuǐlì	(N) irrigation
澆水	浇水	jiāoshuǐ	(V-O) water

邊遠	边远	biānyuǎn	(Adj.) remote and marginal
坡地		pōdì	(N) hill
討	讨	tǎo	(V) ask for; beg
殼子	壳子	ké.zi	(N) husk
鄰村	邻村	líncūn	(N) neighboring village
散架		sǎnjià	dilapidated
織布機	织布机	zhībùjī	(N) loom
撫弄	抚弄	fǔnòng	(V) fondle
梭子		suō.zi	(N) shuttle
光陰似箭	光阴似箭	guāngyīn sìjiàn	the days pass like arrows
日月如梭		rìyuè rúsuō	the months pass like flying shuttles
陳詞濫語	陈词滥语	chéncí lànyǔ	(N) cliché
悻悻地		xìngxìng.de	(Adv.) smoldering in frustration
寶貴	宝贵	bǎoguì	(Adj.) valuable
回憶	回忆	huíyì	(V) recall; reminisce
童年		tóngnián	(N) childhood
紡線	纺线	fǎngxiàn	(N) spinning yarn

令他心碎		lìngtā xīnsuì	(V) break his heart
撢瓶	撢瓶	dǎnpíng	(N) vase holding feather dusters
撢子	撢子	dǎn.zi	(N) feather duster
顯出	显出	xiǎnchū	(V) show; produce
變幻莫定	变幻莫定	biànhuàn mòdìng	shimmering; unpredictable
五顏六色	五颜六色	wǔyán liùsè	(N) colourful
莫不是		mò.bu.shì	(Adv.) is it possible that
成精		chéngjīng	(V-O) become spirit
扎猛子		zhāměng.zi	(V-O) dive
潛游	潜游	qiányóu	(V) swim under water
距離	距离	jùlí	(N) distance
濕潤	湿润	shīrùn	(Adj.) wet
舔		tiǎn	(V) lick
甜蜜		tiánmì	(Adj.) sweet and happy; merry
目光		mùguāng	(N) eye sight; eyes
深沉		shēnchén	(Adj.) deep
堅定	坚定	jiāndìng	(Adj.) steady

成熟		chéngshú	(Adj.) mature
令人傾倒	令人倾倒	lìngrén qīngdǎo	be infatuated with sb.; to be overwhelmed with admiration
喜鵲	喜鹊	xǐquè	(N) magpie
詩	诗	shī	(N) poem
未經V	未经V	wèijīng V	(Adv.) have not being...V-ed
銷量	销量	xiāoliàng	(N) sales volumn
期刊		qīkān	(N) periodical
獲得	获得	huòdé	(V) obtain
詩壇	诗坛	shītán	(N) the poetry world
新秀		xīnxiù	(N) new flowering
秀		xiù	(V) become famous; flower
詩評人	诗评人	shīpíngrén	(N) poem critic
祝賀	祝贺	zhùhè	(V) congratulate
頒獎	颁奖	bānjiǎng	(V-O) issue prizes
列入		lièrù	(V) be listed
文學詞典	文学词典	wénxué cídiǎn	(N) literary encyclopedia
編者	编者	biānzhě	(N) editor

匯	汇	huì	(V) mail; send
刊物		kānwù	(N) magazine
指責	指责	zhǐzé	(V) reproach
思潮		sīcháo	(N) trend of thought; ideological trend
V.膩	V.腻	nì	(V-C) be bored with
褲腰帶	裤腰带	kùyāodài	(N) girdle; drawstring
圍脖	围脖	wéibó	(N) muffler
繞	绕	rào	(V) wrap around
輩份	辈份	bèi.fèn	(N) position in the family hierarchy
耍錢	耍钱	shuǎqián	(V-O) gambling
盜墓		dàomù	(V-O) grave-robbing
嫖妓		piáojì	(V-O) whoring
搶劫	抢劫	qiǎngjié	(V) rob
砍電綫杆	砍电线杆	kǎn diànxiàngān	(V-O) severing wire pole
熊猫		xióngmāo	(N) panda
潮流		cháo.liú	(N) trend
開發	开发	kāifā	(V) exploit

土產	土产	tǔchǎn	(N) native produce
看好		kànhǎo	(V) be on the upswing; be expected to become favorable
外匯	外汇	wàihuì	(N) foreign currency
加工廠	加工厂	jiāgōngchǎng	(N) a processing plant
承包		chéngbāo	(V) contract
瘸子		qué.zi	(N) a cripple
成份	成分	chéngfèn	(N) ingredient
桑葉	桑叶	sāngyè	(N) mulberry leaf
蠶皮	蚕皮	cánpí	(N) silkworm skin
蟬蛻	蝉蜕	chántuì	(N) cicada shell
蝎尾		xiēwěi	(N) scorpion tail
紅花	红花	hónghuā	(N) safflower
黄芪		huángqí	(N) root of milk vetch
田七		tiánqī	(N) blood ginseng
穿心蓮	穿心莲	chuānxīnlián	(N) creat
琥珀		hǔpò	(N) amber
朱砂		zhūshā	(N) cinnabar

車前子	车前子	chēqián.zi	(N) Asiatic plantain
童便		tóngbiàn	(N) urine of baby boys
引子		yǐn.zi	(N) an added ingredient
尿		niào	(N) urine
清火		qīnghuǒ	dissipating excessive body heat
有效		yǒuxiào	(Adj.) effective
有水準	有水准	yǒushuǐzhǔn	(Adj.) high-leveled
服		fú	(V) take (medication)
劑	剂	jì	(N) dose
治療	治疗	zhìliáo	(N) treatment
一準見效	一准见效	yìzhǔn jiànxiào	unquestionably efficacious
痊愈如初		quányù rúchū	fully recovered as before
健談	健谈	jiàntán	(Adj.) eloquent
前途		qián.tú	(N) future
未可限量		wèikěxiànliàng	without limit
云云		yúnyún	and so on

诗　意
～词语例句～

一.　以...而著称   to be celebrated for

※　年轻时他本来是以巧舌如簧、口若悬河而著称的。

1. 中国的桂林山水以风景优美如画而著称。

2. 诺贝尔文学奖得主Toni Morrison以写有争议性题材的小说而著称。

二.　表现为   是用...来表现的

※　一切都表现为说话。

1. 资本主义制度表现为市场经济。

2. 美国社会的民主表现为高度的言论自由。

三.　决定于   是由...来决定的

※　一切都表现为或决定于说话。

1. 这些大学生将来从事什么工作决定于他们各自的兴趣。

2. 谁来领导一个国家应该决定于人民的愿望。

四.　莫不   none of...is not...

※　...莫不维系于说话。

1. 留学西方的中国知识份子莫不主张中国的西化。

2. 中国的各项内外政策莫不决定于政府的态度。

五.　V.于（于 is a Preposition: its meaning varies depending on verbs used before it）

※　维系于，区别于，形成于，瓦解于，求助于

1. 维系于＝靠…来维系　　2. 区别于＝用…来区别

3. 形成于＝通过…来形成　4. 瓦解于＝被…给瓦解

5. 求助于＝向…求助　　　6. 决定于＝由…来决定

7. 出生于＝在…出生　　　8. 有利于＝对…有利

六. 以…为理由　　　　　　　　　　to take…as a reason

※　他以旧枕头睡惯了为理由拒绝了。

1. 他总是以功课太多为理由拒绝帮别人的忙。

2. 他以父母的要求太高为理由跟父母闹别扭。

七. A 与 B 不协调　　　　　A is not harmonious with B

※　他也愈益感到了古老的枕头与几度更新了的其他用具太不协调。

1. 西洋音乐与中国音乐一起演奏太不协调。

2. 他的服装与晚会的气氛很不协调。

八. 包括…在内　　　　　　　　　　　　　　including

※　现在包括农民在内，大家用的枕芯也是从大城市运来的。

1. 包括现在的工作在内，他已经换了五个工作了。

2. 包括总统的狗在内，整个白宫都被惊动了。

九. 乃至　　　　　　　　　　　　　　　　and even

※　生病也会改变一个人的性格，乃至世界观。

1. 中国的进步对亚洲乃至世界的经济都有影响。

2. 这篇文章从题目到内容乃至遣词用句都很有时代感。

十. ...看好　　　　　　　　　　be expected to become favourable

※　开发土产看好。

1. 这些电脑公司的盈利都很看好。

2. 今年市场的销售情形看好。

诗　　意
～练　习～

I.　Make sentences using the underlined expressions:

　　1. 年轻时他本来是<u>以</u>巧舌如簧、口若悬河<u>而</u>著称的。

　　2. 他<u>以</u>旧枕头睡惯了<u>为理由</u>拒绝了。

　　3. 他愈益感到了古老的枕头<u>与</u>几度更新了的其他用具太<u>不协调</u>。

　　4. 现在<u>包括</u>农民<u>在内</u>，大家用的枕芯也是从大城市运来的。

　　5. 生病也会改变一个人的性格，<u>乃至</u>世界观。

II.　Complete the following to make meaningful and coherent sentences:

　　1. 在这件事情上，聪明的做法是……

　　2. 在这件事情上，愚蠢的做法是……

　　3. 大家都因为胜利而……

　　4. 大家都因为失败而……

　　5. 如果你相信真理，那么……

　　6. 如果你相信谬误，那么……

　　7. 由于他的地位崇高，……

8.由于他的地位卑下，……

9.他俩之间几十年来的爱恋……

10.他俩之间几十年来的怨仇……

11.一般说来，伟大的人……

12.一般说来，渺小的人……

III. Provide nouns to make meaningful Verb-object phrases:

1.指责＿＿＿＿＿　　2.检查＿＿＿＿＿　　3.寻找＿＿＿＿＿

4.选择＿＿＿＿＿　　5.缝补＿＿＿＿＿　　6.充填＿＿＿＿＿

7.污染＿＿＿＿＿　　8.回顾＿＿＿＿＿　　9.发表＿＿＿＿＿

10.开发＿＿＿＿＿　　11.获得＿＿＿＿＿　　12.治疗＿＿＿＿＿

IV. Answer the following questions:

1.刘教授的病反映了中国改革开放中出现的什么问题?

2.社会大变革时期，什么样的人很容易"生病"?一般说来是什么样

　的"病"?

3.作者想用旧枕头的失踪来说明什么?

4.刘教授，他的妻子，儿子和女儿对旧枕头的态度分别代表了哪种社

会观念?

5. 从这个故事中，可以看到中国改革开放中有什么样的动力和阻力?

6. 作者对经济改革抱的是什么态度?

7. 新生事物出现时，一般会有哪几种有代表性的观点?

8. 你对刘教授从"口若悬河"变到"沉默不语"有什么看法?

9. 作者写刘教授对童年的回忆有什么特别的意义?

10. 这篇故事中的哪些情节说明了西方对中国现代化的巨大影响?

V. Find an appropriate spot for each word:

A) 1. 何等　2. 显得　3. 回忆　4. 直到　5. 乃至　6. 几度

_____快毕业了，他才突然体会到他对这所大学是_____地依恋，校园里的一草一木_____他很少去的球场都_____格外亲切，更不用说那_____装修过的老图书馆，给他留下了多少美好的_____啊!

B) 1. 果然　2. 在内　3. 压根儿　4. 企图　5. 未经

整个公司，包括总裁_____都_____让人们相信: 他们在_____政府同意的情况下_____不可能向外国输出任何军事技术。调查的结果_____如他们所说。

C）1.看好　2.开发　3.未可限量　4.潮流　5.形成　6.似乎

中国的改革开放使_____中国的_____在全世界_____了。由于中国的市场_____，现在_____所有的人都认为中国的前途_____。

D）1.协调　2.获得　3.列入　4.听腻　5.新秀　6.有水准

正在台上表演的是最近被_____名人词典的歌坛_____，她用最时髦的西洋唱法来演唱中国民歌，听起来虽不太_____，但对_____了美国歌的听众来说，这种创新是很_____的，她因此而_____了成功。

E）1.宝贵　2.气功 3.患 4.一准见效　5.嘲笑　6.愈演愈烈　7.治疗

我上中学时_____了口吃症，因常被人_____而不敢开口说话，乃至病情_____，使我_____的少年时代少了许多欢乐。据我的中文老师说，中药能_____我的病，若再加上练中国的_____，_____。我真希望我能健谈如 David Letterman。

VI. Composition:

1. Write a dialogue about China's economic reform between Deng Xiaoping（邓小平） and Professor Liu （刘教授）.

2. Interview someone from China and write down his or her opinion on China's reform and also your own comments.

3. 读了"诗意"以后的感想

社会篇

~个人与社会~

Ying Wang

王 颖

我國人口問題與發展生產力的關係

生產力	生产力	shēngchǎnlì	(N) productive forces
馬寅初	马寅初	Mǎ Yínchū	(N) (1882-1982) economist and demographer
速度		sùdù	(N) speed
資金	资金	zījīn	(N) fund
積累	积累	jīlěi	(V) to accumulate
有限		yǒuxiàn	(Adj.) limited; finite
阻礙	阻碍	zǔài	(N) obstacle
普查		pǔchá	(V) to take a survey
超過	超过	chāoguò	(V) to exceed; to surpass
淨增加率		jìng zēngjiālù	(N) net increment
估計	估计	gūjì	(N) estimate
穩定	稳定	wěndìng	(Adj.) stable
孕婦	孕妇	yùnfù	(N) pregnant woman
產婦	产妇	chǎnfù	(N) woman who has just given birth

優待	优待	yōudài	(N) preferential(or special) treatment
接生		jiēshēng	(V-O) to deliver a child; to practice midwifery
逐步	逐步	zhúbù	(Adv.) step by step; progressively
醫療	医疗	yīliáo	(N) medical treatment
衛生	卫生	wèishēng	(N) hygiene; sanitation
壽命	寿命	shòumìng	(N) life span
蘇聯	苏联	Sūlián	(N) the Soviet Union
稀		xī	(Adj.) rare; scarce
兮		xī	啊
打仗		dǎzhàng	(V-O) to fight; to go to war
尼姑		nígū	(N) Buddhist nun
和尚		héshang	(N) Buddhist monk
合作化		hézuòhuà	(N) organizing cooperatives
成親	成亲	chéngqīn	(V-O) to get married
愈來愈...		yùláiyù	more and more
列入		lièrù	(V-C) to include

之		zhī	的
動態	动态	dòngtài	(N) trend; development
統計	统计	tǒngjì	(V) to count; to add up
否則	否则	fǒuzé	(Conj.) otherwise
正確	正确	zhèngquè	(Adj.) correct; right; proper
打亂	打乱	dǎluàn	(V-C) to disrupt; to upset
落空		luòkōng	(V-C) to come to nothing; to fail
久而久之		jiǔ ér jiǔ zhī	over the course of time; as time passes
機械化	机械化	jīxièhuà	(N) mechanization
自動化	自动化	zìdònghuà	(N) automation
必然		bìrán	(Adv.) inevitably; certainly
擴大	扩大	kuòdà	(V) to enlarge; to expand
其餘	其余	qíyú	the others; the rest
搞		gǎo	(V) to do; to carry on; to be engaged in
型		xíng	(N) model; type
安插		ānchā	(V) to assign (sb. a job)

拖後腿	拖后腿	tuōhòutuǐ	(V-O) to hinder(or impede) sb.; to hold sb. back
大踏步		dàtàbù	(Adv.) in big strides
前進	前进	qiánjìn	(V) to go forward
面臨	面临	miànlín	(V) to be faced with
畝	亩	mǔ	(AN) unit of area(=0.165 acre)
荒地		huāngdì	(N) wasteland; uncultivated land
開墾	开垦	kāikěn	(V) to open up wasteland
水源		shuǐyuán	(N) source of water
世世代代		shìshìdàidài	for generations; from generation to generation
藉以為生	借以为生	jièyǐ wéishēng	to rely (or depend)on sth. to live
草原地		cǎoyuándì	(N) grasslands; prairie
拖拉機	拖拉机	tuōlājī	(N) tractor
汽油		qìyóu	(N) gasoline; gas
擁擠	拥挤	yōngjǐ	(Adj.) crowded
築	筑	zhù	(V) to construct (a road, or a bridge)
卡車	卡车	kǎchē	(N) truck

開荒	开荒	kāihuāng	(V) to open up wasteland
江浙		Jiāng Zhè	(N) 江蘇省和浙江省
稠密		chóumì	(Adj.) dense
若		ruò	(Conj.) 如果
家眷		jiājuàn	(N) one's family member
鋼材	钢材	gāngcái	(N) steel; steel products
木材		mùcái	(N) wood; lumber
水泥		shuǐní	(N) cement
物資	物资	wùzī	(N) goods and materials
合成		héchéng	(Adj.) synthesized
擺脫	摆脱	bǎituō	(V) to cast off; to shake off
耕地		gēngdì	(V-O) to plough
束縛	束缚	shùfù	(N) shackle
總之		zǒngzhī	(Conj.) in a word; in short
有效		yǒuxiào	(Adj.) effective; valid
推行		tuīxíng	(V) to carry out; to pursue

避孕		bìyùn	(V-O) to prevent conception
人工流產	人工流产	réngōng liúchǎn	(N) abortion
贊成	赞成	zànchéng	(V) to approve of; to agree with
殺生	杀生	shāshēng	(V-O) to kill
傷害	伤害	shānghài	(V) to injure; to harm
沖淡	冲淡	chōngdàn	(V) to dilute; to weaken
意義	意义	yìyì	(N) meaning; significance
浪費	浪费	làngfèi	(N) to waste
寄托		jìtuō	(V) to place hope on; to find sustenance in
晚婚		wǎnhūn	marry at a mature age
集體	集体	jítǐ	(N) a collective
代替		dàitì	(V) to replace; to substitute for
獎	奖	jiǎng	(N) prize; reward
稅		shuì	(N) tax
加重		jiāzhòng	(V) to make heavier; to increase the weight of
財富	财富	cáifù	(N) wealth

包括		bāokuò	(V) to include; to consist of
公益金		gōngyìjīn	(N) public welfare fund
公積金	公积金	gōngjījīn	(N) accumulation fund
技術	技术	jìshù	(N) technology
裝備	装备	zhuāngbèi	(N) equipment; outfit
創造	创造	chuàngzào	(V) to create
合併	合并	hébìng	(V) to merge
勞動生產率	劳动生产率	láodòng shēngchǎnlǜ	(N) labor productivity; productivity
電氣化	电气化	diànqìhuà	(N) electrification
化學肥料	化学肥料	huàxué féiliào	(N) chemical fertilizer
消費	消费	xiāofèi	(V) to consume
等於	等于	děngyú	(V) to be equal to; to amount to
分攤	分摊	fēntān	(V) to share
重工業	重工业	zhòng gōngyè	(N) heavy industry
輕工業	轻工业	qīnggōngyè	(N) light industry
林		lín	(N) forestry

牧		mù	(N) animal husbandry
漁	渔	yú	(N) fishery
運輸業	运输业	yùnshūyè	(N) transport service; transportation
建築業	建筑业	jiànzhùyè	(N) construction industry
商業	商业	shāngyè	(N) commerce; business trade
對外貿易	对外贸易	duìwài màoyì	(N) foreign trade
單位	单位	dānwèi	(N) unit (as a department, division, section, etc.)
增殖		zēngzhí	(V) to breed

我国人口问题与发展生产力的关系
～词语例句～

一. **以致**　　　　　　　　　　　　　　　as a result; consequently

※ 我国人口太多，本来有限的国民收入，被六亿多人口吃掉了一大半，以致影响积累，影响工业化。

1. 这个城市的市政府不重视环境保护，在这方面没有提供足够的资金和人力，以致加重了环境污染。

2. 他喝了酒以后开车，以致发生了车祸。

二. **以…计算**　　　　　　　　　　　　　to calculate by...

※ 如以净增率2%计算，十五年后将达八万万。

1. 以百分比计算，工程系的女生占全系学生的百分之三十。

2. 以失业率为5%计算，这个城市每年的失业人口达到十万。

三. **将**　　　　　　　　　　to be going to; to be about to

※ 如以净增率2%计算，十五年后将达八万万。

1. 下个世纪，中国的经济将对世界经济有重大的影响。

2. 明年五月，美国总统将前往中国访问。

四. **愈来愈…**　　　　　　　　　　　　越来越…

※ 这个数字，说明我国人口问题愈来愈严重。

1. 近年来，私立学校的学费愈来愈贵。

2. 由于电脑的使用愈来愈普遍，很多中、小学都开设了电脑课。

五. 否则　　　　　　　　　　　　　　　　otherwise

※...还要有人口动态统计，否则人口统计不正确，所定的计划一定会
打乱。

1. 每天早上他都得让同屋把他叫醒，否则他会睡到中午十二点才起来。

2. 中国政府一定得控制人口，否则会影响经济发展的速度，人民生活
水平也很难提高。

六. 就算　　　　　　　　　　　　　　　　even if

※ 有了拖拉机，汽油怎么办？就算有拖拉机跟汽油，又怎么去？

1. 我明天有数学考试。就算没有数学考试，我也不能跟你去跳舞。我
还有一个报告没交呢!

2. 我父母没有钱给我买车。就算他们有钱，我也不会让他们给我买。

七. 除非　　　　　　　　　　　　　　　　unless

※ 除非科学家能快快制造合成食品，我们不能摆脱耕地的束缚。

1. 除非政府制定一个严厉的制裁政策，吸毒问题很难解决。

2. 除非进行经济改革，中国的经济不可能快速发展。

八. 一则...二则...三则　　　　　　　first...second...third...

※ 人工流产我是不赞成的，一则因为这是杀生；二则会伤害妇女的健
康；三则会冲淡避孕的意义；四则会增加医生的负担；造成很大的
浪费。

1. 大城市的生活让人紧张。一则因为车多容易发生交通事故；二则因
为犯罪率高；三则因为噪音太大...

2.我喜欢日本车，一则因为省油， 二则因为质量好。

九. 若…则…   if…then…

※ 若把一百万工人和一千二百万农民合并计算，则每人平均劳动生
产率一定很低.

1.若举例加以说明，则会清楚得多。

2.若多进行宣传和教育工作，则农民会更了解计划生育的意义。

我国人口问题与发展生产力的关系

～练 习～

I. Make sentences using the underlined expressions:

1. 我国人口太多，本来有限的国民收入被六亿人口吃掉了一大半，<u>以致</u>影响积累。

2. 中国<u>如果</u>继续这样发展下去，<u>就一定</u>要成为生产力的阻碍。

3. 这个数字，说明我国人口问题<u>将愈来愈严重</u>，<u>因此一定要</u>实行计划生育，<u>非</u>计划生育<u>不可</u>。

4. <u>还要</u>有人口动态统计，<u>否则</u>人口统计不正确，所定的计划<u>一定会</u>打乱，结果计划一定会落空。

5. 社会主义事业发展了，机械化、自动化<u>必然跟着</u>扩大。

6. <u>没有大工业就没有</u>社会主义。

7. <u>没有拖拉机怎么</u>开垦荒地呢? <u>就算</u>有拖拉机，<u>又怎么</u>把拖拉机运去呢?

8. <u>除非</u>科学家能尽快地制造出合成食品，<u>否则</u>我们就<u>不能</u>摆脱耕地的束缚。

9. 如果允许人工流产，年轻的夫妇就会<u>把</u>希望寄托<u>在</u>人工流产<u>上</u>，不去避孕。

10. 去年我们的国民收入<u>将近</u>九百亿元，<u>其中</u>消费<u>占</u>79%，积累<u>占</u>21%。

II. Provide at least two appropriate objects for each of the following verbs:

例如: 揭露<u>坏人</u> 揭露<u>问题</u>
1. 积累 2. 阻碍 3. 扩大 4. 摆脱 5. 束缚 6. 分摊 7. 打乱 8. 安插

III. Explain the following expressions in Chinese or with examples:

1. 国民收入　　2. 人口普查　　3. 净增加率　　4. 农村合作化

5. 计划生育　　6. 社会主义经济　7. 人工流产　　8. 对外贸易

IV. Find an appropriate word for each of the blanks:

1. 落空　2. 正确　3. 稳定　4. 超过　5. 逐步

6. 浪费　7. 代替　8. 冲淡　9. 伤害　10. 拥挤

1. 一个国家在政治上的＿＿＿＿是这个国家经济发展的必要条件。

2. 世界上的自然能源是有限的，我们应该尽量节省能源，避免造成＿＿＿＿＿＿。

3. 很多美国人愿意住在小城镇，因为小地方不象大城市那么＿＿＿＿。

4. 我几次计划要去欧洲旅行，可是因为种种原因每次计划都＿＿＿＿了。

5. 他说了一个笑话，＿＿＿＿了屋里的紧张气氛。

6. 近年来，中国人民的生活水平＿＿＿＿改善了。

7. 在今天高科技的时代很多过去用人工的工作都被电脑＿＿＿＿了。

8. 战争不仅给人类带来物质损失，还会造成精神＿＿＿＿＿。

9. 他跟我争了半天，我们都觉得自己的答案才是＿＿＿＿的。

10. 他今年上大学后，家里花销＿＿＿＿了去年。

V. Answer the following questions:

1. 在作者看来，人口问题跟经济的发展有什么关系？

2. 从五十年代到七十年代，中国人口迅速增长的原因是什么？

3. 在作者看来，中国的经济应该怎么发展? 为什么需要控制人口的增长?

4. 作者认为控制人口最有效的方法是什么? 他为什么反对人工流产?

5. 根据中国的现状，怎样才能提高生产力?

6. 你同意作者对中国经济与人口问题的分析吗? 为什么?

VI. Composition:

1. 中国目前的计划生育政策的成功之处与存在的问题

2. 我提倡人工流产/我反对人工流产

中國傳統倫理觀念與人口問題

倫理	伦理	lúnlǐ	(N) moral principles; ethics
費孝通	费孝通	Fèi Xiàotōng	(N) (1910-) sociologist
不孝有三 無後為大	不孝有三 无后为大	búxiàoyǒusān wúhòuwéidà	There are three major offences against filial piety, namely, do not support parents when they are alive, do not give them a decent burial upon their death, and do not produce an heir; the last of which is the gravest offence
歷來	历来	lìlái	(Adv.) always; all through the ages
廣大	广大	guǎngdà	(Adj.) vast; wide
群眾	群众	qúnzhòng	(N) the masses
附著	附着	fùzhuó	(V) to adhere to; to stick to
行為	行为	xíngwéi	(N) conduct; behavior
規範	规范	guīfàn	(N) standard; norm
按着	按着	ànzhe	(Prep.) according to; in the light of
輿論	舆论	yúlùn	(N) public opinion
肯定		kěndìng	(N) recognition
表揚	表扬	biǎoyáng	(N) praise

相反		xiāngfǎn	(Conj.) opposite; contrary
譴責	谴责	qiǎnzé	(N) condemnation
制裁		zhìcái	(N) punishment
舉例	举例	jǔlì	(V-O) to give an example
奚落		xīluò	(V) to scoff at
流傳	流传	liúchuán	(V) to circulate; to hand down
華封三祝	华封三祝	huáfēng sānzhù	The three blessings of the feudal lord of Huashan
華山	华山	Huàshān	(N) Mount Hua (in Shaanxi Province)
封人		fēngrén	(N) feudal lord
領袖	领袖	lǐngxiù	(N) leader
人物		rénwù	(N) figure; personage
堯	尧	Yáo	(N) a legendary monarch in ancient China
祝詞	祝词	zhùcí	(N) congratulatory speech
包含		bāohán	(V) to contain; to include
壽	寿	shòu	(N) longevity
總結	总结	zǒngjié	(V) to sum up; to summarize

美滿	美满	měimǎn	(Adj) happy; perfectly satisfactory
綱領	纲领	gānglǐng	(N) guiding principle
反過來	反过来	fǎnguòlái	(Conj.) conversely; in turn
孟子		Mèng Zǐ	(N) Mencius
具體	具体	jùtǐ	(Adj.) concrete; specific
承前啓後	承前启后	chéngqián qǐhòu	to inherit the past and usher in the future
傳宗接代	传宗接代	chuánzōng jiēdài	to hand down a family name from generation to generation
後繼者	后继者	hòujìzhě	(N) successor
斷子絕孫	断子绝孙	duànzǐjuésūn	may you be the last of your line (a kind of incantation)
後繼無（有）人	后继无（有）人	hòujìwú (yǒu)rén	there is a lack (no lack) of successors
密切		mìqiè	(Adj.) close; intimate
不致		búzhì	(Adv.) not in such a way as to; not likely to
父系社會	父系社会	fùxìshèhuì	(N) patriarchal society
長大成人	长大成人	zhǎngdà chéngrén	be grown to manhood
儒家	儒家	Rújiā	(N) Confucianism
維護者	维护者	wéihùzhě	(N) defender

宣傳	宣传	xuānchuán	(V) to conduct propaganda
推廣	推广	tuīguǎng	(V) to popularize; to spread
由來已久	由来已久	yóuláI yǐ jiǔ	long-standing; time-honored
不僅	不仅	bùjǐn	(Conj.) 不但
記載	记载	jìzǎi	(N) record
民間傳說	民间传说	mínjiān chuánshuō	folk legend; folklore
年幼		niányòu	young
媳婦	媳妇	xífù	(N) wife; son's wife
夫家		fūjiā	(N) husband's family
休		xiū	(V) (in former times) to cast off one's wife and send her home
娶		qǔ	(V) to marry (a woman)
借題	借题	jiètí	(V-O) to use as an excuse to
納妾	纳妾	nàqiè	(V-O) to take a concubine
容許	容许	róngxǔ	(V) to tolerate; to permit
難堪	难堪	nánkān	(Adj.) embarrassed
胎		tāi	(AN) (number of) births

小農經濟	小农经济	xiǎonóng jīngjì	(N) small-scale peasant economy
產物	产物	chǎnwù	(N) product
體力勞動	体力劳动	tǐlì láodòng	(N) physical (manual) labor
強弱		qiángruò	(N) strong or weak; strength
撫養	抚养	fǔyǎng	(V) to bring up
花費	花费	huāfèi	(N) cost
掙取		zhèngqǔ	(V) to earn
逐漸	逐渐	zhújiàn	(Adv.) gradually; by degrees
衰退		shuāituì	(V) to decline (physically)
依靠		yīkào	(V) to rely on; to depend on
供養	供养	gōngyǎng	(V) to support one's parents or grandparents
養兒防老	养儿防老	yǎng ér fáng lǎo	to have a son to provide for you when you are old
出嫁		chūjià	(V) (woman) to get married
勞動力	劳动力	láodònglì	(N) labor force
流行		liúxíng	(Adj.) prevalent; popular
索取		suǒqǔ	(V) to ask for; to extort

高額	高额	gāo'é	(Adj.) high priced
禮金	礼金	lǐjīn	(N) gift and/or money
反映		fǎnyìng	(V) to reflect
轉讓	转让	zhuǎnràng	(V) to transfer the possession of
過程	过程	guòchéng	(N) course; process
基層	基层	jīcéng	(N) basic (primary) level
氏族		shìzú	(N) clan
鞏固	巩固	gǒnggù	(V) to consolidate; to strengthen
勢力	势力	shìlì	(N) force; power
擴大	扩大	kuòdà	(V) to enlarge; to expand
範圍	范围	fànwéi	(N) scope
助長	助长	zhùzhǎng	(V) (derogatory) to encourage
聯繫	联系	liánxì	(V) to relate; to link
引導	引导	yǐndǎo	(V) to guide; to lead
存在		zúnzài	(V) to exist
持續	持续	chíxù	(V) to continue; to sustain

擴張	扩张	kuòzhāng	(V) to expand
鼓勵	鼓励	gǔlì	(V) to encourage
土地		tǔdì	(N) land
迫使		pòshǐ	(V) to force; to compel
採取	采取	cǎiqǔ	(V) to adopt; to take
抵消		dǐxiāo	(V) to offset; to cancel out
平均		píngjūn	(Adv.) average; mean
溺嬰	溺婴	nìyīng	(V-O) drowning infants
評價	评价	píngjià	(V) to appraise; to evaluate
積極	积极	jījí	(Adj.) positive; active
消極	消极	xiāojí	(Adj.) negative; passive
激速		jīsù	(Adj.) violent and rapid (change)
根本		gēnběn	(N) basic; fundamental
套		tào	(AN) (for formula, convention, etc.) set
喪失	丧失	sàngshī	(V) to lose; to forfeit
日益		rìyì	day by day

阻礙	阻碍	zǔài	(V) to hinder; to block
因素		yīnsù	(N) factor; element
和平		hépíng	(N) peace
局面		júmiàn	(N) situation
死亡率		sǐwánglǜ	(N) mortality
降低		jiàngdī	(V) to reduce; to drop; to lower
相應	相应	xiāngyìng	(Adv.) correspondingly
空前		kōngqián	(Adj.) unprecedented
高潮		gāocháo	(N) upsurge; high tide
加速		jiāsù	(V) to accelerate
淨增		jìngzēng	(V) to increase
客觀	客观	kèguān	(Adj.) objective
累積	累积	lěijī	(V) to accumulate
資金	资金	zījīn	(N) fund
指導思想	指导思想	Zhǐdǎo sīxiǎng	guiding principle
徹底	彻底	chèdǐ	(Adv.) thoroughly

手工		shǒugōng	(N) manual
福利		fúlì	(N) well-being; welfare
設施	设施	shèshī	(N) installation; facilities
意識形態	意识形态	Yìshì xíngtài	(N) ideology
本質	本质	běnzhì	(N) essence; innate character
牢固		láogù	(Adv.) firmly
促進	促进	cùjìn	(V) to promote; to accelerate
擺	摆	bǎi	(V) to place; to put
阻力		zǔlì	(N) obstruction
居民		jūmín	(N) resident; inhabitant
分析		fēnxī	(V) to analyze
現實	现实	xiànshí	(N) reality
回溯		húisù	(V) to recall; to look back upon
深思		shēnsī	(V) to ponder deeply over
勢必	势必	shìbì	(Adv.) certainly will; be bound to
衝垮	冲垮	chōngkuǎ	(V) to burst; to shatter

日程		rìchéng	(N) schedule; programme
啓發	启发	qǐfā	(N) inspiration; enlightenment

中国传统伦理观念与人口问题
～词语例句～

一. 相反   contrary; opposite

※ 一个人按着社会上认为好的事去做，就会受到舆论的肯定和表扬；
相反就要受到谴责，甚至制裁。

1. 他以为大家会同意他的意见。相反，别人都反对他的看法。
2. 实验失败了多次。他并不灰心，相反，他工作得更努力了。

二. 反过来   conversely

※ 多福、多寿、多男子总结了几千年传统社会美满生活的纲领。反
过来，如果一个人不生男孩子，那就成了件极大的坏事了。

1. 在传统的中国社会，儿子尊敬父母是天经地义的。反过来，如果儿
子不尊重父母就会被指责为不孝。
2. 早上上班的时间，从城外到城里的车很多。反过来，从城里到城外
的车很少。

三. 不过   only; merely

※ 这是中国传统社会人们的行为规范，历代的儒家不过是这种行为
的维护者。

1. 到底应该怎么做得你自己做决定，我不过给你提提建议罢了。
2. 多说不过是提高中文水平的一个方法。多听、多读、多写也是很重
要的。

四. ... ，從而 ...   thus; thereby

   ※ 这些考虑是引导我们去研究伦理观念怎样为社会的经济、政治服

      务，从而理解它存在和持续的原因。

  1.政府应该多向农民宣传计划生育的意义，从而使他们自愿地节育。

  2.父母应该多引导、鼓励而不是强迫孩子学习，从而培养他们学习的

      兴趣。

五. 固然 ... ，但是 ...   it is true that...but...

   ※ 伦理观念固然是控制人们行为的社会力量，但是这种力量还需要

      有一定的条件才能发生作用。

  1.离婚固然是一件痛苦的事，但是失去了爱情的婚姻更痛苦。

  2.运动固然对人的身体有好处，但是过量的运动也会对人体造成伤害。

六. 尽管 ... （但是）...   even though; in spite of

   ※ 一个社会尽管存在鼓励多育多男的伦理观念，如果它的土地有限，

      多育多男使人口增多后，所增加的劳动力并不能增加生产。

  1.尽管政府采取了各种各样的措施，吸毒问题还是存在。

  2.尽管父母再三劝告，他还是一句也听不进去。

七. 于是   thereupon; consequently

   ※ 村子里的地很少，每人平均分不到几分地。但是他们并不改变多

      育多男的观念，于是发生了溺婴的风俗，限制孩子的数目，实行人

      口控制。

1. 他觉得自己的工作很无聊，又没有机会得到提升，于是决定换一份工作。

2. 我住在临街的一间小屋里，又吵又暗，不但无法念书，而且睡不好觉。半年下来，人瘦了，成绩也下降了。于是，我下决心搬家。

八. 仍然   still; yet

※ 社会服务设施还跟不上新形势的要求，从每个家庭来说仍然存在着养儿防老的实际需要。

1. 他想了好几天，仍然下不了决心。

2. 我劝了他好几次，可是他仍然改不了那些坏习惯。

九. 出于   due to

※ 乡村里计划生育的阻力有一部分是出于农民在文化上比城市居民落后。

1. 我帮助她是出于同情。

2. 她并不喜欢这套廉价的房子，她住在这儿完全是出于经济的考虑。

十. 在于   to lie in

※ 但是基本的原因我认为还是在于小农经济的性质。

1. 经济能不能快速地发展主要在于政府的政策。

2. 一个人是否能在社会上取得成功主要在于自己的努力。

十一. 加以+ Verb   to subject A to B

※ 回溯这许多年来对国内人口问题的各种看法，如果联系到整个社会经济的变化来加以分析，却是有令人深思之处。

1.明天在会上我们要对这个问题加以讨论。

2.你能不能对你的观点加以说明?

十二. 用以   用来

 ※ 从小农经济产生出来的，又用以维持这种落后状态的种种，势必

　　要被历史的发展所冲垮。

1.我们应该学习别的国家的先进经验，用以发展自己的科学技术。

2.政府近年来大力鼓励个体经济的发展，用以加快经济体制的改革。

中国传统伦理观念与人口问题

～练 习～

I. Make sentences using the underlined expressions:

1. 传统伦理观念<u>指的是</u>历来存在于广大人民群众中的，附着一定价值观念的社会行为的规范。

2. 一个人按着社会上认为好的事去做，就会受到肯定和表扬; <u>相反</u>就要受到谴责，甚至制裁。

3. 历代的儒家<u>不过是</u>这种行为的维护者，他们<u>并不</u>是这些规范的创造者。

4. 他们不过是<u>在</u>支持和推广这<u>些</u>行为规范<u>上</u>出了力，<u>起了作用</u>。

5. 当媳妇的如果不为她的夫家生个儿子，她的夫家可以<u>以此作为</u>理由，把她休了另娶。

6. 她要一胎一胎地生下去，<u>直</u>到生了男孩子，<u>才</u>算完成任务。

7. 这些考虑引导我们去研究伦理观念怎样为社会的经济、政治服务，<u>从而</u>理解它存在和持续的原因。

8. 伦理观念<u>固然</u>是控制人们行为的社会力量，<u>但是</u>这种力量还需要有一定的条件才能发生作用。

9. 我们要评价某一种观念，必须<u>从</u>具体社会条件<u>出发</u>。

10. 条件改变了，伦理观念所起的作用的性质也会<u>随着</u>改变。

11. 现在社会福利设施还<u>跟不上</u>新形势的<u>要求</u>。

12. 这种阻力有一部分是<u>出于</u>农民在文化上比城市居民落后，接受新思想比较慢的原因。

13. 基本的原因还是<u>在于</u>小农经济的性质。

14. 对意识形态的科学调查研究应当<u>提到日程上来</u>了。

II. Find the most appropriate word for each of the blanks:

1.谴责　2.奚落　3.持续　4.丧失　5.推广

6.反映　7.巩固　8.助长　9.引导　10.鼓励

1.这个作家的小说_____了三十年代北京的生活。

2.在全国_____普通话是很重要的。

3.为了_____新政权，政府采取了新的土地政策。

4.第二次世界大战中希特勒（Hitler）对犹太人犯下的罪行遭到了各国人

　民的_____。

5.几次实验都失败了，但是他并没有_____信心和勇气。

6.父母应该用_____而不是强迫的方法教育孩子。

7.在大学里不能_____喝酒的风气。

8.他当着很多人_____我，让我实在很难堪。

9.这两天北京_____高温，很多人都病了。

10.这位教授非常善于_____学生独立思考。

III. Find the antonym for the following words:

例如: 增加-减少

1.肯定　2.表扬　3.具体　4.积极　5.客观　6.降低　7.阻碍　8.扩大

IV. Explain the following expressions in Chinese or with

examples:

1.不孝有三，无后为大　2.传宗接代　3.承前启后　4.养儿防老

5.父系社会　6.儒家思想　7.重男轻女　8.小农经济

V. Answer the following questions:

1.作者是怎样给传统观念下定义的?

2.中国哪些传统观念与人口问题有关?

3.中国的传统观念是怎样产生的?是儒家创造出来的吗?跟中国的经济有什
   么样的关系?

4.在传统的中国社会中，妇女在家庭中的主要责任是什么?

5."重男轻女"这个观念对中国的经济发展起了什么样的作用?

6.作者认为人口的快速增长对中国有什么样的影响?

7.为什么在农村推行计划生育比城市困难?

VI. Composition:

1.不"养儿"也能"防老"

2.论美国社会的男女不平等

3.谈改革开放后中国社会上出现的新观念

現代化與知識份子

究竟		jiūjìng	(Adv.) (used in questions) actually; exactly
抗戰	抗战	kàngzhàn	(N) the War of Resistance against Japan(1937-1945)
意大利		Yìdàlì	(N) Italy
輪船	轮船	lúnchuán	(N) steamship
上岸		shàng'àn	(V-O) to go ashore
倫敦	伦敦	lúndūn	(N) London
擾亂	扰乱	rǎoluàn	(V) to disturb
民航		mínháng	(N) civil aviation
由不得		yóubùdé	not up to sb. to decide; be beyond the control of
縮	缩	suō	(V) to cut short
密切		mìqiè	(Adj.) close; intimate
征服		zhēngfú	(N) conquest
口袋		kǒudài	(N) pocket
日新月異	日新月异	rìxīn-yuèyì	to change with each passing day

新疆		Xīnjiāng	(N) the Xinjiang Uygur Autonomous Region
烏魯木齊	乌鲁木齐	Wūlǔmùqí	(N) Ürümqi, capital of Xinjiang
鐘點	钟点	zhōngdiǎn	(N) hour
唐朝		Tángcháo	(N) the Tang Dynasty (618-907)
玄奘		Xuánzàng	(N) A famous Buddhist monk in the Tang dynasty
長安	长安	Cháng'ān	(N) capital of China in Han and Tang dynasties
出發	出发	chūfā	(V) to set out; to start off
吐魯番	吐鲁番	Tǔlǔfān	(N) place in Xinjiang
假使		jiǎshǐ	(Conj.) if; in case
零件		língjiàn	(N) parts
妙		miào	(Adj.) wonderful; excellent
絲綢之路		Sīchóu zhī lù	the Silk Road
沙漠		shāmò	(N) desert
隔斷	隔断	géduàn	(V) to cut off
稱王稱帝	称王称帝	chēngwáng chēngdì	to act like an overlord; domineer
獨一無二	独一无二	dúyīwúèr	unique; unmatched

166

悠久		yōujiǔ	(Adj.) long; long-standing (history)
驕傲	骄傲	jiāoào	(N) pride
先進	先进	xiānjìn	(Adj.) advanced
承德		Chéngdé	(N) A place near Beijing
乾隆皇帝		Qiánlóng huángdì	(N) The seventh Emperor (1736-1796) of Qing dynasty
避暑		bìshǔ	(V-O) be away for the summer
山莊	山庄	shānzhuāng	(N) mountain village
接見	接见	jiējiàn	(V) to receive sb.; to grant an interview
大使		dàshǐ	(N) ambassador
通商		tōngshāng	(V-O) (of nations) to have trade relations
互通有無	互通有无	hùtōngyǒuwú	each supplies what the other needs
前列		qiánliè	(N) front row; forefront
自給自足	自给自足	zìjǐzìzú	self-sufficiency
自鳴鐘	自鸣钟	zìmíngzhōng	(N) striking clock; chime clock
宮廷		gōngtíng	(N) palace; royal or imperial court
陳列室	陈列室	chénlièshì	(N) exhibition room; showroom

印度		Yìndù	(N) India
鴉片	鸦片	yāpiàn	(N) opium
白銀	白银	báiyín	(N) silver
局面		júmiàn	(N) aspect; phase; situation
輸出	输出	shūchū	(V-O) to export
香料		xiāngliào	(N) perfume; spice
玩具		wánjù	(N) toy
發明	发明	fāmíng	(V) to invent
蒸汽機	蒸汽机	zhēngqìjī	(N) steam engine
形勢	形势	xíngshì	(N) situation; circumstances
儲存	储存	chǔcún	(V) to store
體積	体积	tǐjī	(N) volume
查		chá	(V) to look up; to consult
答覆	答复	dáfù	(V) to answer; to reply
資料	资料	zīliào	(N) data; material
課題	课题	kètí	(N) task; problem

承認	承认	chéngrèn	(V) to admit; to acknowledge
志氣	志气	zhìqì	(N) aspiration; ambition
服輸	服输	fúshū	(V) to admit(or acknowledge) defeat
狀態	状态	zhuàngtài	(N) state; condition
國防	国防	guófáng	(N) national defense
超過	超过	chāoguò	(V) to surpass; to exceed
任務	任务	rènwù	(N) mission; task
機器	机器	jīqì	(N) machine
國民經濟	国民经济	guómínjīngjì	(N) national economy
繁榮	繁荣	fánróng	(V) to flourish; to boom
總之	总之	zǒngzhī	(Conj.) in a word; in short
摸不清		mōbùqīng	(V-C) be unable to find out
腦力勞動	脑力劳动	nǎolìláodòng	(N) mental work
定義	定义	dìngyì	(N) definition
區別	区别	qūbié	(V) to distinguish; to differentiate
體力勞動	体力劳动	tǐlìláodòng	(N) physical(manual) work

來源		láiyuán	(N) source; origin
過程	过程	guòchéng	(N) course; process
識字	识字	shízì	(V-O) to learn to read
動腦筋	动脑筋	dòngnǎojīn	(V-O) use one's brain
專門	专门	zhuānmén	(Adj.) special; specialized
開明	开明	kāimíng	(Adj.) open minded; enlightened
英畝	英亩	yīngmǔ	(N) acre
經營	经营	jīngyíng	(V) to manage a business
機械化	机械化	jīxièhuà	(V) to mechanize
說明書	说明书	shuōmíngshū	(N) directions; manual
地大物博		dìdàwùbó	vast territory and abundant resources
文化程度		wénhuà chéngdù	(N) educational level
除非		chúfēi	(Conj.) only if; unless
緊迫	紧迫	jǐnpò	(Adj.) pressing; urgent
甘心		gānxīn	(V) be reconciled to
艱苦	艰苦	jiānkǔ	(Adj.) difficult; hard; tough

可貴	可貴	kěguì	(Adj.) valuable; commendable
一概而論	一概而论	yígàI ér lùn	(usually used in the negative) to treat (different matters) as the same
浩劫		hàojié	(N) great calamity
十年浩劫		shínián hàojié	作者是指文化大革命 (Cultural Revolution)的十年 (1966-1976)
損害	损害	sǔnhài	(N) harm; damage
不妨		bùfáng	(Adv.) might as well
參考	参考	cānkǎo	(Adj.) referential
接觸	接触	jiēchù	(V) to get in touch with; to come into contact with
脫節	脱节	tuōjié	(V) to come apart
逐步		zhúbù	(Adv.) step by step; progressively
暴露		bàolù	(V) to expose
細	细	xì	(Adj.) meticulous; detailed
工科		gōngkē	(N) engineering course
文科		wénkē	(N) liberal arts
文理		wénlǐ	(N) liberal arts and science
排		pái	(V) to arrange

廣泛	广泛	guǎngfàn	(Adj.) wide-ranging; extensive
人才		réncái	(N) talent; qualified personnel
對口	对口	duìkǒu	(V-O) be geared to the needs of
人事		rénshì	(N) personnel matters
斷	断	duàn	(V) to stop; to cut off
縮短	缩短	suōduǎn	(V) to shorten; to cut down
業務	业务	yèwù	(N) business
文革		wéngé	(N) the Cultural Revolution (1966-1976)
下跪		xiàguì	(V) to kneel down
紅衛兵	红卫兵	hóngwèibīng	(N) the Red Guards
抱成見	抱成见	bào chéngjiàn	(V-O) to have prejudice
所作所為	所作所为	suǒzuò-suǒwéi	one's conduct
後果	后果	hòuguǒ	(N) consequence
熱情	热情	rèqíng	(N) enthusiasm
渾蛋	浑蛋	húndàn	(N) bastard; wretch
嚐	尝	cháng	(V) to taste; to become aware of

滋味		zīwèi	(N) taste; flavor
覺悟	觉悟	juéwù	(V) to understand; to become awakened
大好年華	大好年华	dàhǎo niánhuá	golden years
接班人		jiēbānrén	(N) successor
擔子	担子	dànzi	(N) load; burden
挑		tiāo	(V) to carry
生物		shēngwù	(N) biological
規律	规律	guīlǜ	(N) law; pattern
生火		shēnghuǒ	(V-O) to make(light) a fire
搞衛生	搞卫生	gǎo wèishēng	(V-O) to clean up
雙職工	双职工	shuāngzhígōng	(N) working couple
惱火	恼火	nǎohuǒ	(Adj.) annoyed; irritated
累		lěi	(N) burden
如實	如实	rúshí	(Adv.) accurately; as things really are
反映		fǎnyìng	(V) to reflect; to mirror
出主意		chū zhúyi	(V-O) to offer advice; to make suggestions

華僑	华侨	huáqiáo	(N) overseas Chinese
自動化	自动化	zìdònghuà	(N) automation
塞		sāi	(V) to fill in; to stuff
錢幣	钱币	qiánbì	(N) coin
開動	开动	kāidòng	(V) to start
烘乾	烘干	hōnggān	(V-C) to dry
類似	类似	lèisì	(Adj.) similar
待業	待业	dàiyè	(V-O) the unemployed
遛遛		liù.liù	(V) to stroll; to take a walk
輕而易舉	轻而易举	qīng ér yì jǔ	easy to do
具體	具体	jùtǐ	(Adj.) concrete; specific
優先	优先	yōuxiān	(Adv.) having priority
攤	摊	tān	(V) to spread out
識大體	识大体	shí-dàtǐ	have the cardinal principles in mind
名義上	名义上	míngyìshàng	in name; nominal
強調	强调	qiángdiào	(V) to stress; to emphasize

| 應用 | 应用 | yìngyòng | (Adj.) applied |
| 愛戴 | 爱戴 | àidài | (V) to love and respect |

现代化与知识分子

～词语例句～

一. 究竟   actually; exactly

※ 我们讲现代化，究竟什么是现代化?

1. 我们都了解环境保护的重要性，可是究竟应该采取什么措施，还得再研究一下。

2. 我听说他毕业后要去中国，现在究竟去了没有，并不太清楚。

二. 就…（来）…说，…   as far as…is concerned

※ 就科技说，第二次世界大战之后一年比一年进步得快了。

1. 就住房条件来说，北京比上海好一点儿。

2. 就工资说，这个公司高一点儿，可是就工作环境来说，那个公司好多了。

三. 以…为主   mainly, to take…as the main （concern…）

※ 在丝绸之路上也是以我们输出为主。

1. 以脑力劳动为主的人叫知识分子，另一种以体力劳动为主，主要是工人和农民。

2. 大学生应该从实际工作中学习，但还是应该以学习书本知识为主。

四. 要…就要…   if one wants…then he/she has to

※ 要改变这个状态，就要现代化。

1. 要想上好大学，就要得到好成绩。

2.要想建立好的夫妻关系，就要多交流。

五. ...而...   but

※ 我们不能不现代化，而现代化不是搞一些机器来，开一些工厂就行。

1.现在各大学里边真正在那儿上课教学生的，是四十到五十岁的人，而这些知识分子的困难，比老年人多得多。

2.学前教育是孩子成长的一个重要阶段，而有些父母却忽略了这个阶段。

六. ...而...   and

※ 工科的学生不重视文理各科，而每一个学科分得太细，功课排得那么多，使一个学生不可能有广泛的知识。

1.这个城市车多路窄，而市政府又不重视公路建设和改善交通，所以常发生堵塞。

2.她高中毕业时，家里经济很困难，而她的成绩也实在不好，因此她就没有继续升学。

七. 为了....而...   ...in order to...

※ 为了发展现代知识而进行脑力劳动的人就是新的知识分子。

1.他为了养家而牺牲了学业。

2.有些商人为了赚钱而不择手段。

八. 不妨   there is no harm in; might as well

※ 知识分子所处的地位不同，各有各的不同问题。我们不妨把他们

分成老、中、青三类。

1. 要是你不信我的话，不妨亲自去看看。

2. 要是你有很多空余时间，不妨培养点业余爱好。

九. 曾经　　　　　　　　　　　　　　　to have Verb before

※ 他曾经有机会在比较安定的环境里受到各学科的基本训练。

1. 我曾经听过他一次讲演。

2. 他曾经打算学医，可是后来改变了主意。

十. 根据　　　　　　　　　　　　on the basis of; according to

※ 大家可以根据情况出出主意。

1. 你可以根据自己的兴趣选专业。

2. 学校根据学生的要求增加了一些新课。

现代化与知识分子
～练 习～

I. Make sentences using the underlined expressions:

1. 我还是说坐飞机不如坐船舒服，可是这个<u>由不得</u>我了，现在要去买船票就买不到。

2. <u>就科技来说</u>，第二次世界大战之后一年比一年进步了。

3. 我们中国人坐的是外国造的飞机。<u>假使</u>人家不卖给我们，<u>那么</u>我们怎么办呢?

4. 当时我们的经济发展水平的确在<u>世界的前列</u>，生活上的需要一直自给自足，不缺什么。

5. 我们<u>不能不</u>现代化，而现代化不是搞一<u>些</u>机器来，开一<u>些</u>工厂就行。

6. 体力劳动必须<u>和</u>脑力劳动<u>相</u>结合。

7. 知识分子所处的地位不同，各有各的问题。我们<u>不妨</u>把他们分成老中青三类。

8. 我<u>对</u>当时叫我下跪甚至打过我的红卫兵从来<u>不抱成见</u>。

II. Choose the appropriate word to place in the blank:

1. 中国在五十年代鼓励生育，在七十年代这个政策的问题就_____出来了。（暴露/揭露）

2. 吸毒会_____身心健康。（损坏/损害）

3. 中美关系近年来有很大的发展，两国之间的来往越来越_____。（密切/亲密）

4.他虽然花了很多时间，可是实验的_____并不理想。（后果/结果）

5.鲁迅的小说_____了二十世纪初中国社会的黑暗面。（反映/反应）

6.童年的_____生活培养了他的顽强意志。（艰苦/困难）

7.在电脑上写完报告以后，应该马上_____下来。（储存/积累）

8.水在零度以下会结冰，改变物理_____。（状态/条件）

III. Describe a person or situation using each of the following expressions:

1.一概而论　　2.独一无二　　3.自给自足

4.日新月异　　5.轻而易举　　6.互通有无

IV. Answer the following questions:

1.什么是中国的四个现代化?

2.实现现代化需要哪些基本条件?

3.什么是信息高速公路? 这种高科技对我们的社会有什么积极影响和消极影响?

4.你觉得知识分子在社会上应该受到什么样的待遇?

5.中国的知识分子在历史上起过什么样的作用?

6.文化大革命是一场什么样的运动?

7.中国知识分子在文化大革命中受到了什么样的待遇?

8.作者认为，要想改善中国知识分子的生活条件，政府应该采取哪些措施?

V. Composition:

1. 在中国目前还存在着"脑体倒挂"（体力劳动者的收入比脑力劳动者高）的问题，请谈谈你对这个问题的看法。

2. 在美国，中小学老师的工资待遇都很低，请谈谈你对这个问题有什么想法。

論士大夫

論	论	lùn	(V) to discuss; to talk about
士大夫		shìdàfū	(N) literati & officialdom(in feudal China)
吳晗		Wú Hán	(N) (1909-1969) Chinese historian
武士		wǔshì	(N) palace guards in ancient times; warrior
文士		wénshì	(N) scholar
官僚		guānliáo	(N) bureaucrat
紳士	绅士	shēnshì	(N) gentleman; gentry
具有		jùyǒu	(V) to possess; to have
身份		shēnfen	(N) status; identity
本質	本质	běnzhì	(N) essence; nature
所謂	所谓	suǒwèi	what is called; so called
聯想	联想	liánxiǎng	(V) to associate; to make a connection in one's mind
官位		guānwèi	(N) government post; official position
稱號	称号	chēnghào	(N) title

則	則	zé	(Adv.) however; but
封建		fēngjiàn	(Adj.) feudal
標準	标准	biāozhǔn	(Adj.) standard
產物	产物	chǎnwù	(N) outcome; result; product
殖民地		zhímídì	(N) colony
若干		ruògān	a certain number or amount
特性		tèxìng	(N) specific property ; characteristic
殘存	残存	cáncún	(V) to remain
劣根性		liègēnxìng	(N) deeply rooted bad habits
王侯		wánghóu	(N) princes and marquises; the nobility
家臣		jiāchén	(N) subjects of family
職責	职责	zhízé	(N) duty; obligation; responsibility
戰爭	战争	zhànzhēng	(N) war; warfare
非		fēi	(Adv.) not; no
牲口		shēngkou	(N) draught animals; livestock
性質	性质	xìngzhì	(N) nature; character

食人之祿 忠人之事	食人之禄 忠人之事	shí rén zhī lù zhōng rén zhī shì	to be loyal or responsible to the one who pays you
豢養	豢养	huànyǎng	(V) to feed; to keep
效勞	效劳	xiàoláo	(V) to work in the service of; to work for
有奶便是娘		yǒu nǎi biànshì niáng	是說有的人誰給他奶吃他就叫誰娘（母親），諷刺只求實利的人。
肥		féi	(Adj.) fat; rich
動盪	动荡	dòngdàng	(N) turbulence; upheaval;
貴族	贵族	guìzú	(N) aristocrat
繼承	继承	jìchéng	(V) to inherit; to carry on
捧		pěng	(V) to hold or carry in both hands
舊衣缽	旧衣钵	jiù yībō	(N) a Buddhist monk's old mantle and alms bowl which he hands down to his favorite disciple; legacy
吃閑飯	吃闲饭	chī xiánfàn	(V-O) to lead an idle life; to be a loafer or sponger
打雜	打杂	dǎzá	(V-O) to do odds and ends
儐相	傧相	bīnxiàng	(N) attendant of the bride or bridegroom at a wedding
紅白大事		hóng báI dàshì	(N) weddings and funerals
跑腿		pǎotuǐ	(V) to run errands; to do legwork

幫兇	帮凶	bāngxiōng	(N) accomplice; accessary
幫閑	帮闲	bāngxián	(N) literary hack
選舉	选举	xuǎnjǔ	(N) election
徵辟	征辟	zhēngpì	(N) recruitment
途徑	途径	tújìng	(N) way; channel
攀		pān	(V) to climb
高枝兒	高枝儿	gāozhīr	(N) high ranking; high level
食客		shíkè	(N) a person sponging off an aristocrat
僱工	雇工	gùgōng	(N) a hired laborer
搖身一變	摇身一变	yáoshēn yíbiàn	to give oneself a shake and change into another form
特定		tèdìng	(Adj.) specially designated; specified
內容		nèiróng	(N) content; substance
分析		fēnxī	(V) to analyze
特權	特权	tèquán	(N) privilege
囤積	囤积	túnjī	(V) to hoard for speculation; to corner
貨	货	huò	(V) Lit: to sell; here means to give service to

定於一尊	定于一尊	dìng yú yì zūn	to be considered the most honorable (number one honorable)
帝王		dìwáng	(N) emperor; monarch
芸芸		yúnyún	(Adj.)(Buddhist term) all living things; all mortal beings
萬民	万民	wànmín	(N) millions of people
主子		zhǔzi	(N) master
奴才		núcai	(N) flunkey; lackey
忠心		zhōngxīn	(Adv.) loyally
依權附勢	依权附势	yī quán fù shì	to attach oneself to bigwigs
分享		fēnxiǎng	(V) to share
殘羹剩飯	残羹剩饭	cángēng shèngfàn	remains of a meal; leftovers
法外		fǎwài	(Adj.) extrajudicial
榨取		zhàqǔ	(N) extortion
剝削	剥削	bōxuē	(N) exploitation
誅求	诛求	zhūqiú	(N) exorbitant demands
兼併土地	兼并土地	jiānbìng tǔdì	(V-O) to annex territory (property)

包庇賦稅	包庇赋税	bāobì fùshuì	(V-O) to evade taxes
走私		zǒusī	(V) to smuggle
無所不用其極	无所不用其极	wú suǒ bú yòng qí jí	to resort to every conceivable means; to go to any length
副		fù	(AN) for a set of things or for facial expression
奴顏婢膝	奴颜婢膝	núyán-bìxī	(Adj.) subservient; servile
臉孔	脸孔	liǎnkǒng	(N) face
威風凜凜	威风凛凛	wēifēng lǐnlǐn	to have a commanding presence
蒙住		méngzhù	(V-C) to cover
仁義道德	仁义道德	rényì-dàodé	humanity, justice and virtue; virtue and morality
勸	劝	quàn	(V) to advise; to persuade
王道		wángdào	(N) kingly way; benevolent government
仁政		rénzhèng	(N) policy of benevolence
寬容	宽容	kuānróng	(Adj.) tolerant, lenient
欺騙	欺骗	qīpiàn	(V) to deceivc; to cheat
威嚇	威吓	wēihè	(V) to threaten

麻醉		mázuì	(V) to anesthetize
掩飾	掩饰	yǎnshì	(V) to cover up
勾當	勾当	gòudàng	(N) (derogatory term) business or deal
兩面作風	两面作风	liǎngmiàn zuòfēng	(N) double-faced tactics
一點一滴	一点一滴	yìdiǎn-yìdī	every little bit; bit by bit
溫和		wēnhé	(Adv.) mildly
損害	损害	sǔnhài	(V) to harm; to damage
既得利益		jìdé-lìyì	(N) vested interests
挖掉		wā.diào	(V-C) to dig sth. up by the roots
基業	基业	jīyè	(N) fundamental business (property)
率直		shuàizhí	(Adv.) straightforward; blunt
免賦權	免赋权	miǎnfùquán	(N) right to be exempt from taxes
免役權	免役权	miǎnyìquán	(N) right to be exempt from military service
官吏		guānlì	(N) government officials
禮貌	礼貌	lǐmào	(N) esteem; courtesy
包辦	包办	bāobàn	(V) to take charge of affairs

打官司		dǎguānsi	(V-O) to go to court; to engage in a lawsuit
奔走		bēnzǒu	(V) to run; to rush about
公門	公门	gōngmén	(N) local authorities; feudal official
走私漏稅		zǒusī lòushuì	(V-O) to smuggle and evade taxation
畜養奴婢	畜养奴婢	xùyǎng núbì	(V-O) to hire(raise) slave girls (servant girl)
繼承官位	继承官位	jìchéng guānwèi	(V-O) to inherit an official position
繳納田租	缴纳田租	jiǎonà tiánzū	(V-O) to pay feudal land tax
官品		guānpǐn	(N) official title
優越	优越	yōuyuè	(N) superiority; advantage
抽壯丁	抽壮丁	chōu zhuàngdīng	(V-O) to enlist strong males
三丁抽一		sān dīng chōu yī	among three males, one should be enlisted
五丁抽二		wǔ dīng chōu èr	among five males, two should be enlisted
服（兵）役		fúbīngyì	(V-O) to enlist in the army
生員	生员	shēngyuán	(N) the lowest degree of the civil service examination (the civil service examination system was abolished at the end of Qing Dynasty, 1644-1911)
舉辦	举办	jǔbàn	(V) to conduct; to hold

自治		zìzhì	(N) self-government
救災	救灾	jiùzāi	(V-O) to provide disaster relief
水利		shuǐlì	(N) irrigation works; water conservation
天然		tiānrán	(Adj.) natural
領袖	领袖	lǐngxiù	(N) leader
販運	贩运	fànyùn	(V) to transport goods for sale
違法	违法	wéifǎ	(Adj.) illegal
貨物	货物	huòwù	(N) goods
八行書	八行书	bāhángshū	(N) letter (used only as a formality)
關卡	关卡	guānkǎ	(N) an outpost of the tax office
留難	留难	liúnán	(V) to make things difficult for sb.
承認	承认	chéngrèn	(N) to admit; to recognize
同年		tóngnián	(N) people who passed the civil service examination in the same year
同鄉	同乡	tóngxiāng	(N) a person from the same village, town or province
運用	运用	yùnyòng	(V) to utilize; to apply
角落		jiǎoluò	(N) corner

人情面子		rénqíng miànzi	(N) human relationship and reputation; prestige; face
通行		tōngxíng	(V) to pass through
相反		xiāngfǎn	(Conj.) contrary
義務	义务	yìwù	(N) duty; obligation
完糧納稅	完粮纳税	wánliáng nàshuì	to hand in grain and pay tax to the government
分嫁		fēnjià	(V) to assign and transfer one's duties
當地	当地	dāngdì	(N) local
愈...愈...		yù...yù	(Conj.) 越...越...
固然		gùrán	(Conj.) no doubt; of course
一毛不拔	一毛不拔	yì máo bù bá	unwilling to give up even a hair; stingy
從中漁利	从中渔利	cóngzhōng yúlì	to profit from; to cash in on
筆	笔	bǐ	(AN) a sum of (money)
捐獻	捐献	juānxiàn	(V) to contribute; to donate
發財	发财	fācái	(V-O) to make a fortune
專利	专利	zhuānlì	(N) patent
輿論	舆论	yúlùn	(N) public opinion

壟斷	垄断	lǒngduàn	(V) to monopolize
清議	清议	qīngyì	(N) political criticism by scholars
芻蕘	刍荛	chúráo	(N) Lit: the people who cut grass and gather firewood; here means people of low status
芻蕘之見	刍荛之见	chúrá-zhījiàn	the opinion of petty and low people
著書	著书	zhùshū	(V-O) to write books
資格	资格	zīgé	(N) qualifications
上達	上达	shàngdá	(V) to reach the higher authorities
地主		dìzhǔ	(N) landlord
憑藉	凭借	píngjiè	(Prep.) rely on; depend on
官僚資本	官僚资本	guānliáo zīběn	(N) bureaucrat capital
土地資本	土地资本	tǔdì zīběn	(N) land capital
同義語	同义语	tóngyìyǔ	(N) synonym
反之		fǎnzhī	(Conj.) conversely; on the contrary
苛捐雜稅	苛捐杂税	kējuān záshuì	(N) exorbitant taxes and levies
功夫		gōngfu	(N) time

不識時務	不识时务	bù shí shíwù	show no understanding of the times; be insensible
毀滅	毁灭	huǐmiè	(V) to destroy
千方百計	千方百计	qiānfāng-bǎijì	by every possible means
鑽進	钻进	zuānjìn	(V-C) to get into; to make one's way into
集團	集团	jítuán	(N) group; clique
高昇	高升	gāoshēng	(V) to be promoted; to rise to
保全		bǎoquán	(V) to preserve; to save from damage
產業	产业	chǎnyè	(N) estate; property
收租		shōuzū	(V-O) to collect rent
困苦		kùnkǔ	(N) hardships
形容		xíngróng	(V) to describe
四體不勤五穀不分	四体不勤五谷不分	sìtǐ bùqín wǔgǔ bùfēn	Lit:can neither use one's four limbs nor tell the five grains apart. Here refers to people who have never done manual labor
孔子		Kǒngzǐ	(N) Confucius
步行	步行	bùxíng	(V) to go on foot; to walk

失身份	失身份	shī shēnfen	(V-O) to lose one's social standing
無論如何	无论如何	wúlùn rúhé	in any case; whatever happens
鞏固	巩固	gǒnggù	(V) to consolidate; to strengthen
擁護	拥护	yōnghù	(V) to support
變革	变革	biàngé	(N) transform; change
反動	反动	fǎndòng	(Adj.) reactionary
改良主義	改良主义	gǎiliáng zhǔyì	(N) reformism
憤怒	愤怒	fènnù	(N) indignation; anger; wrath
專制	专制	zhuānzhì	(Adj.) autocratic
恐怖		kǒngbù	(Adj.) horrible
走中間路線	走中间路线	zǒu zhōngjiān lùxiàn	(V-O) to take the middle road
狠心		hěnxīn	(Adj.) cruel hearted; heartless
通通		tōngtōng	(Adv.) all; entirely; completely
刮		guā	(V) to plunder; to extort
頑強	顽强	wánqiáng	(Adj.) indomitable; staunch; tenacious

貪心	贪心	tānxīn	(Adj.) greed; avarice
骯髒	肮脏	āngzāng	(Adj.) dirty; filthy
專門	专门	zhuānmén	(Adv.) specially
破壞	破坏	pòhuài	(V) to destroy; to wreck
搗亂	搗乱	dǎoluàn	(V) to make trouble; to create a disturbance
回敬		huíjìng	(V) to do or give sth. in return
超然		chāorán	(Adj.) aloof; detached
上不著天下不著地	上不着天下不着地	shàng bù zháotiān xià bù zháodì	neither in the air nor on the ground; in limbo
交換		jiāohuàn	(V) to exchange
考驗	考验	kǎoyàn	(N) test; trial
包括		bāokuò	(V) to include; to consist of

论士大夫
~词语例句~

一. 然而   but

※ 同一个人可能具有几种身份，然而，在本质上，到底还是一个。

1. 我对中国哲学很有兴趣，然而没有系统地研究过。

2. 你的想法好是好，然而不一定行得通。

二. 到底   after all

※ 同一个人可能具有几种身份，然而，在本质上，到底还是一个。

1. 你应该尊重他的意见，他到底比你有经验。

2. 跑了一天，他一点儿也不觉得累，到底是年轻人。

三. 处于   to be in certain position or situation

※ 士大夫的地位，处于统治者和被统治者之间。

1. 近几年亚洲的经济处于困境。

2. 他是一个部门经理，在公司里的地位处于总经理跟一般职员之间。

四. 替   for

※ 奴才是应该忠心替主人服务的。

1. 父母应该培养孩子独立生活的能力，不应该什么事都替他们做。

2. 你不应该只为自己打算，也该替别人想想。

五. ...为的是   ...for; in order to

※ 如果非变不可，也要慢慢地变，一点一点地变，温和地变，万万
不能乱，为的是一变就不能不损害他们的既得利益。

1. 他利用周末打工赚钱，为的是减轻父母的经济负担。

2. 中国政府从七十年代开始实行"一家一个孩子"的政策，为的是控
制人口的增长。

六. 即使   even; even if

※ 做官本是士大夫的本份，即使不做官了，在乡做绅士，也还享有
特殊礼貌。

1. 这本教材很难，即使对三年级的学生都不一定适用，就更别说二年
级了。

2. 我忙极了，哪有时间看电视! 再说，现在多半儿的节目都很无聊，
即使有时间，我大概也不会看。

七. 凭借   to rely on; to base on

※ 士大夫也是地主，可凭借地位来取得大量土地。

1. 政客常凭借权力谋求个人的利益。

2. 他在社会上取得成功完全是凭借自己的努力。

八. 反之   conversely; on the contrary

※ 士大夫也是地主，可凭借地位来取得大量土地...反之，光是地主
是站不住的。

1. 如果你为老百姓办事，他们就拥护你。反之，你只为自己打算，老
百姓就不欢迎你、不拥护你。

2.热涨冷缩是一种自然现象。比方说，温度越高金属的体积越大。反
之，温度越低金属的体积越小。

九. …之所以…, 是因为…   the reason…is that
  ※ 他们之所以要表示超然的态度，上不着天，下不着地，吊在半空
  间，这是有好处的。
  1.我之所以不能去日本旅行，是因为钱不够了。
  2.他之所以离开这个公司，是因为他跟老板合不来。

论士大夫
～练　习～

I. Make sentences using the underlined expressions:

1. 同一个人可能具有几种身份，<u>然而</u>在本质上，<u>到底</u>还是一个。

2. 官僚<u>就是</u>士大夫在官位时的称号，绅士<u>则是</u>士大夫的社会身份。

3. 今日的知识分子，在某些方面<u>相当于</u>过去的士大夫。

4. 知识商品化，<u>就这点而论</u>，士大夫跟今天的知识分子完全一样。

5. 士大夫的地位<u>处于</u>统治者和被统治者之间。

6. 奴才是应该忠心<u>替主人服务</u>的。

7. <u>如果非变不可</u>，<u>也要</u>慢慢地变，<u>为的是</u>一变就不能不损害他们的既得利益。

8. 做官本是士大夫的本份，<u>即使</u>不做官了，在乡作绅士，<u>也</u>还享有特殊的礼貌。

9. 一个地方的士大夫<u>愈</u>多，地方的百姓就<u>愈</u>苦。

10. 士大夫可以<u>凭借</u>地位来取得大量土地。<u>反之</u>，光是地主而不是士大夫是站不住的。

11. 地主子弟<u>千方百计</u>要钻进士大夫集团。

12. 在政治上，士大夫是很保守的，<u>无论如何</u>要巩固现状。

II. Provide at least two appropriate objects for each of the following verbs:

例如：<u>揭露</u>坏人　<u>揭露</u>问题

1.残存   2.豢养   3.掩饰   4.出卖   5.分享

6.包办   7.举办   8.垄断   9.巩固   10.毁灭

III. Explain the following expressions in Chinese or with examples:

1.殖民地   2.封建社会   3.知识商品化   4.官僚资本

5.专制统治   6.走中间路线   7.两面作风   8.改良主义

IV. Describe a person or a situation, using the following expressions:

1.无所不用其极   2.一毛不拔   3.从中渔利

4.不识时务   5.摇身一变   6.依权附势

V. Answer the following questions:

1.作者是怎样给士大夫下定义的?

2.士大夫的社会基础是什么?

3.在作者看来，士大夫这个阶层有什么特点?

4.士大夫享有哪些特权?

5.在今天的中国社会有没有特权阶层?他们有哪些特权?

6.在你看来，"知识垄断"跟"知识商品化"有什么问题?

7.在什么样的社会制度下常有舆论被垄断的现象?

8.请你解释一下什么是官僚主义。

VI. Composition:

1. 鸦片战争以来中国知识分子对中国社会所起的作用
2. 美国的中产阶级

文字下鄉

愚		yú	(Adj.) foolish; stupid
癥候	症候	zhènghou	(N) symptom
客觀	客观	kèguān	(Adj.) objective
標準	标准	biāozhǔn	(N) standard; criterion
憑	凭	píng	(Prep.) to base on
連續	连续	liánxù	(Adv.) continuously
按喇叭		àn lǎ.bā	(V-O) to honk the horn
慌(了手腳)		huāng (.le shǒujiǎo)	(Adj.) panic
車閘	车闸	chēzhá	(N) brake
玻璃		bōli	(N) glass
探		tàn	(V) to stretch forward
啐		cuì	(V) to spit
笨蛋		bèndàn	(N) fool; idiot
冤枉		yuānwang	(V) to be wronged

包穀	包谷	bāogǔ	(N) corn
冒充		màochōng	(V) to pretend to be
內行		nèiháng	(N) expert; adept
麥子	麦子	màizi	(N) wheat
微微		wēiwēi	(Adv.) slightly
不妨		bùfáng	(Adv.) there is no harm in
世面		shìmiàn	(N) various aspects of society
因之		yīnzhī	(Conj.) thus; as a result
智力		zhìlì	(N) intelligence
承認	承认	chéngrèn	(V) to admit; to recognize
郊遊	郊游	jiāoyóu	(V) to go on an outing
仕女		shìnǚ	(N) aristocratic woman (ancient usage)
吠		fèi	(V) to bark
白痴		báichī	(N) idiot
政令		zhènglìng	(N) government decree or order
愚不可及		yú bù kě jí	couldn't be more foolish

稱之曰	称之曰	chēngzhīyuē	to call it; to regard it as
文盲		wénmáng	(N) an illiterate person
甘服		gānfú	(V) to be convinced
缺陷		quēxiàn	(N) defect
疏散		shūsàn	(V) to evacuate
誇獎	夸奖	kuājiǎng	(V) to praise
恭維	恭维	gōngwei	(V) to flatter; to compliment
私心竊喜	私心窃喜	sīxīnqièxǐ	be secretly delighted
剝奪	剥夺	bōduó	(V) to deprive
望塵莫及	望尘莫及	wàng chén mò jí	too far behind to catch up
遺傳	遗传	yíchuán	(N) heredity; inheritance
捉蚱蜢		zhuōzhàměng	(V-O) to capture grasshoppers
撲(蚱蜢)	扑(蚱蜢)	pū (zhàměng)	(V) to rush at or to catch (a grasshopper)
屢	屡	lǚ	(Adv.) repeatedly
反應	反应	fǎnyìng	(N) reaction
靈敏	灵敏	língmǐn	(Adj.) sensitive; quick

驕傲	骄傲	jiāo'ào	(N) pride
著落	着落	zhuóluò	(N) assured source; whereabouts
加菜		jiācài	(V-O) to add another dish
襪	袜	wà	(N) socks
體面	体面	tǐmian	(N) dignity; face
擇地	择地	zédì	(V-O) to pick a place (spot)
下足		xiàzú	(V-O) to put foot on the ground
污		wū	(Adj.) dirty; filthy
顧忌	顾忌	gùjì	(N) scruple
靈活	灵活	línghuó	(Adj.) nimble; agile; quick
其次		qícì	secondary
番		fān	些
保護色	保护色	bǎohùsè	(N) protective coloration
生效		shēngxiào	(V) to become effective
辯護	辩护	biànhù	(N) justification; defence
書籍	书籍	shūjí	(N) books

接觸	接触	jiēchù	(V) to come into contact with
善於	善于	shànyú	(V) to be good at
顯而易見	显而易见	xiǎnér'yìjiàn	obviously; evidently
是否		shìfǒu	(Adv.) whether or not
不及		bùjí	比不上;不如
依		yī	(Prep.) according to
自圓其說	自圆其说	zìyuán qíshuō	to make one's statement consistent
直譯	直译	zhíyì	(V) to directly translate
社群		shèqún	(N) social group
留心		liúxīn	(V) to pay more attention to
支配		zhīpèi	(V) to control
敲		qiāo	(V) to knock
十之八九		shí zhī bā-jiǔ	eight or nine out of ten; most likely
聲氣	声气	shēngqì	(N) voice; tone
辨		biàn	(V) to distinguish
通名報姓	通名报姓	tōngmíng bàoxìng	(V-O) to tell one's name

久習於	久习于	jiǔxíyú	(V) be accustomed to; be used to
久別		jiǔbié	離開了很長時間
大可不必		dàkěbúbì	need not; not have to
象徵	象征	xiàngzhēng	(N) symbol
社交		shèjiāo	(N) social intercourse; social contact
結繩記事	结绳记事	jiéshéngjìshì	to keep records by tying knots
空間		kōngjiān	(N) space
阻礙	阻碍	zǔài	(N) hindrance
部落		bùluò	(N) tribe
枚		méi	(AN) measure word for badges or coins
銅錢	铜钱	tóngqián	(N) copper coin
救		jiù	(V) to save; to rescue
記號	记号	jìhao	(N) mark; sign
預先	预先	yùxiān	(Adv.) in advance; beforehand
拘束		jūshù	(V) to restrain; to feel uneasy
多餘	多余	duōyú	(Adj.) unnecessary

詞不達意	词不达意	cíbùdáyì	the words fail to convey the idea
談戀愛	谈恋爱	tánliàn'ài	to be in love
通行		tōngxíng	(V) to be in circulation
情書	情书	qíngshū	(N) love letter
悲劇	悲剧	bēijù	(N) tragedy
限制		xiànzhì	(N) restriction
間接	间接	jiànjiē	(Adv.) indirectly
講究	讲究	jiǎngjiū	(V) be particular about
藝術	艺术	yìshù	(N) art; skill
減少	减少	jiǎnshǎo	(V) to reduce
走樣	走样	zǒuyàng	(V-O) to lose the original shape or meaning
輔助	辅助	fǔzhù	(Adj.) supplementary
表情		biǎoqíng	(N) facial expression
補充	补充	bǔchōng	(V) to add; to replenish
盡量	尽量	jìnliàng	(Adv.) to do all one can
顯得	显得	xiǎndé	(V) to look; to seem

迂闊	迂阔	yūkuò	(Adj.) high-sounding and impracticable
完善		wánshàn	(Adj.) perfect
廣播	广播	guǎngbō	(N) broadcast
書信	书信	shūxìn	(N) letter; written message
文告		wéngào	(N) proclamation; statement
傳真	传真	chuánzhēn	(N) facsimile
捨	舍	shě	(V) to give up; to abandon
過程	过程	guòchéng	(N) process
拋離	抛离	pāolí	(V) to abandon
辯明	辩明	biànmíng	(V) to argue and make clear
本質	本质	běnzhì	(N) essence
但		dàn	(Conj.) merely
角度		jiǎodù	(N) angle; perspective
批判		pīpàn	(V) to criticize
否則	否则	fǒuzé	(Conj.) otherwise; if not

文字下乡
～词语例句～

一. 似乎　　　　　　　　　　　　　　　　if seems; as if

※ 关于"病"和"贫"我们似乎还有客观的标准可说，但是说乡下人"愚"，却是凭什么呢?

1. 他的话听起来似乎很有道理。

2. 她虽然让我们上了车，可是似乎不太愿意。

二. 不论　　　　　　　　　　　　　　　　**无论**

※ 如果一个人没有机会学习，不论他有没有学习的能力还是不会学得的。

1. 她下定了决心要跟那个比她大二十岁的男人结婚。不论是谁也说服不了她。

2. 只要能做我喜欢的工作，我并不在乎公司的地点。不论是大城市还是小乡镇，都没有关系。

三. 不免　　　　　　　　　　　　　inevitable; hard to avoid

※ 孩子们的鞋袜弄污了回家来会挨骂，于是在他们捉蚱蜢时不免要有些顾忌。

1. 这是她第一次跟男孩子约会，不免有些紧张。

2. 刚到一个陌生的地方，远离亲人，没有朋友，不免会感到寂寞。

四. 其次   secondary; secondly

※ 孩子们的鞋袜弄污了回家来会挨骂，于是在他们捉炸猛时不免要
   有些顾忌。 这也许还在其次，他们日常并不在田野里跑，要分别
   草和虫，需要一番眼力...

1.酗酒常会造成家庭纠纷。 这还在其次，饮酒过度会严重影响一个
   人的身心健康。

2.我不愿住在大城市的原因有三个： 首先，犯罪率比较高；其次，住
   房比较贵；第三，环境污染比较严重。

五. 善于   to be good at

※ 教授的孩子并不见得是遗传上有什么特别善于识字的能力，显而
   易见的却是有着易于识字的环境。

1.这个作家的童年时代是在北京度过的，所以她很善于描写北京的风
   俗跟人情。

2.他善于跟各种各样的人交往。

文字下乡
～练 习～

I.   Make sentences using the underlined expressions:

1. 不少提倡乡村工作的朋友们，<u>把</u>"愚"和"病""贫"联结起来，<u>作为</u>中国乡村的症候。

2. 说乡下人愚，却是<u>凭</u>什么呢?

3. 乡下人在马路上听见背后汽车连续地按喇叭，<u>慌了手脚</u>，东避<u>也不是</u>，西躲<u>也不是</u>...

4. 教授的孩子们穿了鞋袜不能不择足下地。这也许<u>还在其次</u>，他们日常并不在田野里跑，要分别草和虫，就很困难。

5. 教授的孩子并不见得特别<u>善于</u>识字。

6. 贵名大姓是因为我们不熟悉而用的。熟悉的人<u>大可不必如此</u>。

7. 文字所能传的情、达的意是不完全的。这并不完全是<u>出于</u>间接接触的原因。

8. 我要辩明的是乡土社会中的文盲，<u>并非</u>出于乡下人的愚，<u>而是</u>由于乡土社会的本质。

9. 在提倡文字下乡的人，必须先考虑到文字和语言的基础，<u>否则</u>开几个乡村学校和使乡下人多识几个字，也许并不能使乡下人"聪明"起来。

II. Choose the approtiate word to place in the blank:

1. 我跟他打招呼，他_____没看见。（冒充/假装）

2. 我觉得他很虚伪，因为他总喜欢说_____话。（恭维/夸奖）

3.我正在找房子，所以对报上这方面的广告很_____。（留心/小心）

4.那个律师在法庭上为被告_____。（辩明/辩护）

5.那个小孩子见了生人，显得有点_____。（拘束/限制）

6.近几年生产的一些新药对爱滋病很_____。（生效/有效）

7.别人问他问题时，他_____很不耐烦。（显得/显出）

8.港币（香港的货币）在中国大陆并不_____。（通行/流行）

III. Describe a person or a situation, using the following expressions:

1.望尘莫及　　2.私心窃喜　　3.冒充内行

4.词不达意　　5.显而易见　　6.自圆其说

IV. Answer the following questions:

1.在你看来,美国社会中为什么会存在"病"跟"贫"的现象?

2.你觉得美国政府应该怎样减少"病"跟"贫"的现象?

3.在一个社会中,如果文盲比例很高,会有什么问题?

4.在今日的社会中,一个人不仅要有一定的文化水平,也应该学会使用电脑,掌握一、两门外语。为什么?

5.中国的城市跟乡村之间一直存在着比较大的差别,为什么会有这种差别?

6.美国社会存在着"城乡差别"吗?为什么?

7."智商"高的人是不是一定会成功?

8.你认为怎样才能更好地发展儿童的智力?

9.有人认为"乡土社会"的生活单纯得多。现代社会的生活使我们的生活复杂化了,也给我们带来了很多问题。你同意这种说法吗?为什么?

10.电脑技术的发展对人跟人之间的交际、交流有什么样的影响？

V. Composition:

1.我们不应该迷信"智商"

2.电脑对我们生活的影响

鄉土本色

本色		běnsè	(N) true (inherent) qualities
基層	基层	jīcéng	(N) basic level
考慮	考虑	kǎolù	(V) to think over; to consider
接觸	接触	jiēchù	(V) to get in touch with; to contact
邊緣	边缘	biānyuán	(N) margin
暫時	暂时	zànshí	(Adv.) temporary; transient
不妨		bùfáng	(Adv.) there is no harm in...
集中		jízhōng	(V) to centralize
土頭土腦	土头土脑	tǔtóu-tǔnǎo	rustic; countrified
土氣	土气	tǔqì	(Adj.) rustic; countrified
藐視	藐视	miǎoshì	(V) to show contempt
意味		yìwèi	(N) overtone; flavor
謀生	谋生	móushēng	(V-O) to make a living
原始		yuánshǐ	(Adj.) primeval; primitive

拖泥帶水	拖泥带水	tuōní-dàishuǐ	drag through mud and water
討生活	讨生活	tǎo shēnghuó	(V-O) make a living
縮小	缩小	suōxiǎo	(V) to reduce; to lessen
範圍	范围	fànwéi	(N) scope; limits; range
三條大河	三条大河	sān tiáo dàhé	(N) 黃河，長江，珠江
流域		liúyù	(N) valley; drainage; range
遷移	迁移	qiānyí	(V) to move; to migrate
忠實	忠实	zhōngshí	(Adv.) faithfully
內蒙		Nèiměng	(N) the Inner Mongol Autonomous Region
適宜	适宜	shìyí	(Adj.) suitable; fit
放牧		fàngmù	(V) to herd; to graze
依舊	依旧	yījiù	(Adv.) as before; still
鋤地	锄地	chúdì	(V-O) hoe the field
播種	播种	bōzhǒng	(V-O) sow seeds
種植	种植	zhòngzhí	(V) to plant; to grow
鑽	钻	zuān	(V) to get into; to go through

西伯利亞	西伯利亚	Xībólìyà	(N) Siberia
泥土		nítǔ	(N) earth; soil
光榮		guāngróng	(N.) honor; glory
束縛	束缚	shùfù	(V) to tie; to bind up
可貴	可贵	kěguì	(Adj.) valuable; commendable
命根		mìnggēn	(N) one's very life
無疑	无疑	wúyí	beyond doubt
白首偕老 白頭到老	白头到老	báishǒu xiélǎo báitóu dàolǎo	live in conjugal bliss to a ripe old age
象徵	象征	xiàngzhēng	(V) to symbolize; to signify
奶媽	奶妈	nǎimā	(N) wet nurse
裹		guǒ	(V) to bind; to wrap
塞		sāi	(V) to fill; to squeeze in
避		bì	(V) to avoid; to evade
水土不服		shuǐtǔbùfú	unaccustomed to (the environment of) a new place
煮		zhǔ	(V) to boil

安土重遷	安土重迁	āntǔ zhòngqiān	to be attached to one's native land and unwilling to move
取資於	取资于	qǔ zī yú	to get resources from
游牧		yóumù	(V-O) moving about in search of pasture
逐水草而居		zhú shuǐcǎo ér jū	move from place to place in search of water and grass
飄忽無定	飘忽无定	piāohū wúdìng	drift from place to place
無礙	无碍	wúài	without hindrance
莊稼	庄稼	zhuāngjia	(N) crops
侍候		shìhòu	(V) to wait upon; to look after
插入		chārù	(V-C) to insert
粘著	粘着	niánzhuó	(V) to stick together
張北	张北	Zhāngběi	a county near the border of Hebei and Inner Mongolia
墓碑		mùbēi	(N) tombstone; gravestone
重構	重构	chónggòu	(V) to reconstruct
家譜	家谱	jiāpǔ	(N) genealogy
附著	附着	fùzhuó	(V) to adhere to; to stick to

條件	条件	tiáojiàn	(N) condition
大體上	大体上	dàtǐshàng	(Adv.) on the whole; roughly
常態	常态	chángtài	(N) normality; normal behaviour or condition
變態	变态	biàntài	(N) variation
大旱		dàhàn	(N) dry spell; drought
連年兵亂	连年兵乱	liánnián bīngluàn	turmoil and chaos of war year after year
抛井離鄉	抛井离乡	pāojǐng líxiāng	to leave one's native place
抗戰	抗战	kàngzhàn	(N) the War of Resistance Against Japan (1937-45)
流動	流动	liúdòng	(N) mobility
微忽其微		wēi hū qí wēi	very little
固定		gùdìng	(Adj.) fixed; regular
繁殖		fánzhí	(V) to breed; to reproduce
飽和點	饱和点	bǎohédiǎn	(N) point of saturation
過剩	过剩	guòshèng	(Adj.) excess; surplus
宣泄		xuānxiè	(V) to drain
負	负	fù	(V) to carry; to shoulder

鋤頭	锄头	chútou	(N) hoe
殖民地		zhímíndì	(N) colony
淘汰		táotài	(V) to eliminate through selection or competition
發蹟	发迹	fājì	(V) (of a poor man) gain fame and fortune
排列		páiliè	(N) arrangement
孤立		gūlì	(Adj.) isolated
隔膜		gémó	(Adj.) lack of mutual understanding
集團	集团	jítuán	(N) group; clique; circle
群居		qúnjū	(N) living in groups
插秧		chāyāng	(V-O) to transplant rice seedlings
充分		chōngfèn	(Adv.) fully; abundantly
社區	社区	shèqū	(N) community
撫育	抚育	fǔyù	(V) to foster; to nurture
梯田		tītián	(N) terraced fields
屋簷	屋檐	wūyán	(N) eaves
鄰舍	邻舍	línshè	(N) neighbour

拓殖		tuòzhí	(V) to open up virgin fields
獨來獨往	独来独往	dúlái-dúwǎng	coming and going all alone; independent
類似	类似	lèisì	(Adj.) similar; analogous
下列		xiàliè	listed below; following
面積	面积	miànji	(N) area
保衛	保卫	bǎowèi	(V) to defend; to safeguard
繼承	继承	jìchéng	(V) to inherit; to carry on
產業	产业	chǎnyè	(N) estate; property
村落		cūnluò	(N) village
三家村		sānjiācūn	(N) a three-family village; a very small, remote village
絕對	绝对	juéduì	(Adj.) absolute
流動率	流动率	liúdònglǜ	(N) mobility; mobility rate
疏遠	疏远	shūyuǎn	(Adj.) become estranged
富於	富于	fùyú	(V) to be imbued with
地方性		dìfāngxìng	(N) characteristics of a locality
地域		dìyù	(N) region

生於斯死於斯	生于斯死于斯	shēng yú sī sǐ yú sī	one dies where he was born
終老是鄉	终老 是乡	zhōnglǎo shìxiāng	to end one's life in his native place
熟悉		shúxi	(Adj.) know sth. or sb. well; be familiar with
陌生		mòshēng	(Adj.) strange; unfamiliar
具體	具体	jùtǐ	(Adj.) concrete; specific
前者		qiánzhě	(N) the former
有機	有机	yǒujī	(Adj.) organic
團結	团结	tuánjié	(N) joining forces; unity
後者	后者	hòuzhě	(N) the latter
機械	机械	jīxiè	(Adj.) mechanical; inflexible
禮俗	礼俗	lǐsú	(N) etiquette and custom
法理		fǎlǐ	(N) legal principle
詳細	详细	xiángxì	(Adv.) detailed; minute
圍住		yòuzhù	(V-C) to be limited; to be restricted
平素		píngsù	(Adv.) usually
底細	底细	dǐxì	(N) ins and outs; exact details

口說無憑	口说无凭	kǒushuō wúpíng	oral statement is not binding
畫押	画押	huàyā	(V-O) to sign
簽字	签字	qiānzì	(V-O) to sign; to affix one's signature
無從	无从	wúcóng	have no way (of doing sth.)
見外	见外	jiànwài	(Adj.) regard sb. as an outsider
可靠		kěkào	(Adj.) reliable; dependable
規矩	规矩	guīju	(N) rule
信用		xìnyòng	(N) credit; trustworthiness
類於	类于	lèiyú	similar; analogous
神話	神话	shénhuà	(N) mythology; myth
大批		dàpī	(Adj.) large quantities of
瓷器		cíqì	(N) porcelain; chinaware
訂	订	dìng	(V) to order
貨	货	huò	(N) goods
抱歉		bàoqiàn	(Adj.) be sorry; feel apologetic
契約	契约	qìyuē	(N) contract; deed

不加思索		bùjiā sīsuǒ	without thinking; (here) do not need to think
有賴於	有赖于	yǒulàiyú	to rely on; to depend on
植物		zhíwù	(N) plant; flora
生根		shēnggēn	(V-O) to take root
悠長	悠长	yōucháng	(Adj.) long; long-drawn-out
從容	从容	cōngróng	(Adv.) calmly; leisurely
嬰孩	婴孩	yīnghái	(N) baby; infant
螞蟻	蚂蚁	mǎyǐ	(N) ant
開溝	开沟	kāigōu	(V-O) to make ditch
抽象		chōuxiàng	(Adj.) abstract
普遍		pǔbiàn	(Adj.) universal; general
原則	原则	yuánzé	(N) principle
手段		shǒuduàn	(N) means; method
關聯	关联	guānlián	(N) interrelation; interdependence
籠罩	笼罩	lǒngzhào	(V) to envelop; to shroud
萬有	万有	wànyǒu	(Adj.) all inclusive

真理		zhēnlǐ	(N) truth
論語	论语	Lúnyǔ	(N) *The Analects* (of Confucius)
列舉	列举	lièjǔ	(V) to list; to enumerate
具體	具体	jùtǐ	(Adj.) particular; specific
因人而異	因人而异	yīn rén ér yì	different from person to person
歸結	归结	guījié	(V) to sum up
承...歡	承..欢	chéng...huān	(V) to please sb.
激速		jīsù	(Adj.) violent speed
變遷	变迁	biànqiān	(N) vicissitudes
流弊		liúbì	(N) corrupt practices; defect
衣錦榮歸 衣錦還鄉	衣锦荣归 衣锦还乡	yījǐn róngguī yījǐn huán xiāng	Lit: to return to one's hometown in silken robes-to return home after making good

乡土本色
～词语例句～

一. **以...来说/看**   judging from; in terms of

※ 以现在的情形来说，这片大陆上最大多数的人是拖泥带水下田讨
生活的。

1. 以近十年的情况来看，中国经济的发展速度令人吃惊。

2. 以广州、海南等几个经济特区来说，人民平均生活水平有了很大提
高。

二. **依旧**   as before; still

※ 你们中原去的人，到了这最适宜于放牧的草原上，依旧锄地播种。

1. 十年以后返回故乡，他觉得家乡没有什么变化。生活依旧平平淡淡，
人们依旧那么保守。

2. 虽然老师警告了他多次，他依旧天天迟到。

三. **与其A不如B**   it is better to B than to A

※ 这种合作与其说是为了增加效率，不如说是因为在某一时间男的
忙不过来，家里人出来帮忙罢了。

1. 我对医学本来并没有什么兴趣。我之所以选择医学作终身的职业与
其说是为了兴趣，不如说是为了谋生。

2. 现在的电视节目多半很无聊。与其看电视，不如看看书，或者跟朋
友聊聊天。

四. 不管...都/也/还... 　　　　　　　　　　　　　无论...都/也...

※ 远在西伯利亚，中国人住下了，不管天气如何，还是要下些种子，
试试看能不能种地。

1. 不管是老年人还是年轻人，都应该多运动。

2. 数学是电脑专业的必修课。不管你喜欢不喜欢，都得选。

五. 假如...就... 　　　　　　　　　　if...then....; supposing

※ 假如在一个村子里的人都是这样的话，在人和人的关系上也就发
生了一种特色。

1. 假如纽约的冬天不这么冷，人们也就不会搬到佛罗里达去了。

2. 假如他是个聪明人，也就不会做这种傻事了。

乡土本色
～练 习～

I. Make sentences using the underlined expressions:

1. 我们说乡下人土气，似乎<u>带着</u>几分藐视的<u>意味</u>。

2. 乡下人<u>离不了</u>泥土，因为在乡下住，种地是最普通的谋生方法。

3. <u>以</u>现在的情形<u>来说</u>，这片大陆上最大多数的人是拖泥带水下田讨生活的。

4. 这结论自然还是应当加以条件的，但是<u>大体上说</u>，这是乡土社会的特性之一。

5. 这种合作<u>与其</u>说是为了增加效率，<u>不如</u>说是因为在某一时间男的忙不过来，家里人出来帮忙罢了。

6. 人口的流动率小，社区间的往来<u>也</u>必然疏远。

7. 乡土社会的生活是<u>富于</u>地方性的。

8. 孝是什么?孔子并没有抽象地<u>加以</u>说明。

II. Describe a person or a situation using the following expressions:

    1.土头土脑   2.拖泥带水   3.水土不服

    4.独来独往   5.口说无凭   6.因人而异

III. Write a short paragraph to discuss the following questions, using the words or phrases provided in the parentheses:

1. 作者为什么说"我们民族是和泥土分不开的了"?（迁移/依旧/种植/束缚/命根子）

2. "乡土社会"有什么特性?（附着/繁殖/孤立/隔膜/群居）

3. 在"熟悉"的社会里,人和人的关系是怎样的?（陌生/底细/信用/见外/契约）

4. 作者说美国人有"独来独往"的精神,你同意吗?为什么?（抛井离乡/发迹/拓殖/流动率/地方性）

IV. Answer the following questions:

1. 美国社会有什么特性?

2. 美国人口的流动率比中国大得多,为什么?

3. 中国长期处于农业社会的状态,这对人们的观念有什么影响?

4. 随着社会的现代化发展,很多中国的年轻人离开他们熟悉的"乡土社会"而来到了城市谋生,他们会遇到什么样的问题?

5. 来到美国的新移民会遇到什么问题?

6. 在今天的美国社会,有时连家庭纠纷都要到法庭上去解决。你对这个情形有什么看法?

7. 你觉得讲"人情味"跟讲"法治"是矛盾的吗?

8. 中国目前的法律制度还不够健全。在你看来,可能是由哪些原因造成的?

V. Composition:

1. 美国人的守法观念

2. 今日的社会人情淡薄吗?

父母之命與自由結婚

父母之命		fùmǔ zhī mìng	(a person's marriage is decided by) the parents' order and demand
陳衡哲	陈衡哲	Chén Héngzhé	(N) (1890-1976) scholar and writer
原則	原则	yuánzé	(N) principle
依據	依据	yījù	(N) basis; foundation (Prep.) according to; on the basis of
終身	终身	zhōngshēn	(Adj.) lifelong; all one's life
伴侶		bànlǚ	(N) companion
取捨	取舍	qǔshě	(V) to accept or to reject; to make one's choice
靈	灵	líng	(N) soul; spirit
肉體	肉体	ròutǐ	(N) the human body; flesh
假如		jiǎrú	(Conj.) if; supposing; in case
承認	承认	chéngrèn	(V) to admit
合理		hélǐ	(Adj.) rational; reasonable
層	层	céng	(N) layer
可恥		kěchǐ	(Adj.) shameful

情感		qínggǎn	(N) emotion; feeling
舊式	旧式	jiùshì	(Adj.) old style
新式		xīnshì	(Adj.) new style
夫恩妻愛	夫恩妻爱	fū ēn qī ài	couple deeply in love with each other
暴		bào	(Adj.) violent
妒		dù	(Adj.) jealous; envious
爭吵	争吵	zhēngchǎo	(V) to quarrel
反目		fǎnmù	(V) to have a falling out
證明	证明	zhèngmíng	(V) to prove; to testify
失敗	失败	shībài	(N) failure
冒險	冒险	màoxiǎn	(Adj.) risky
美滿	美满	měimǎn	(Adj.) happy; perfectly satisfactory
收穫	收获	shōuhuò	(N) results; gains
所謂	所谓	suǒwèi	what is called; so called
或然律		huòránlǜ	(N) probability
僥幸	侥幸	jiǎoxìng	(Adj.) by luck

正軌	正轨	zhèngguǐ	(N) the right (or correct) path
推翻		tuīfān	(V) to overthrow; to overturn
偶爾	偶尔	ǒu'ěr	(Adv.) once in a while; occasionally
放棄	放弃	fàngqì	(V) to give up; to abandon
追求		zhuīqiú	(V) to seek; to pursue
勇氣	勇气	yǒngqì	(N) courage
即使		jíshǐ	(Conj.) even; even if
仍舊	仍旧	réngjiù	(Adv.) still
奇恥大辱		qí chǐ dà rǔ	galling shame and humiliation
引以為恥	引以为耻	yǐn yǐ wéi chǐ	to be ashamed by sth.
寧願	宁愿	nìngyuàn	(Conj.) would rather
坦白		tǎnbái	(Adv.) confessedly; frankly
屎蜣螂		shǐqiāngláng	(N) dung beetle
掩藏		yǎncáng	(V) to hide; to conceal
敗仗	败仗	bàizhàng	(N) lost battle; defeat
傷口	伤口	shāngkǒu	(N) wound; cut

擺	摆	bǎi	(V) to put; to place
躲		duǒ	(V) to hide; to avoid
戰場	战场	zhànchǎng	(N) battlefield
懦夫		nuòfū	(N) coward
人生觀	人生观	rénshēngguān	(N) life philosophy
行為	行为	xíngwéi	(N) behavior
絕對	绝对	juéduì	(Adv.) absolutely
確	确	què	(Adv.) true; really; indeed
有力		yǒulì	(Adj.) strong; powerful
便		biàn	(Adv.) 就
準繩	准绳	zhǔnshéng	(N) criterion
估量		gūliàng	(V) to appraise; to estimate
豈不是	岂不是	qǐbúshì	isn't that; wouldn't that
滑稽		huáji	(Adj.) funny; amusing
門當戶對	门当户对	méndāng-hùduì	be well matched in social and economic status (for marriage)
優生學家	优生学家	yōushēng xuéjiā	(N) eugenicist

遺傳	遗传	yíchuán	(N) heredity; inheritance
貢獻	贡献	gòngxiàn	(N) contribution
若		ruò	(Conj.) like; seem; as if
相當	相当	xiāngdāng	(Adj.) appropriate
尊重		zūnzhòng	(V) to respect
採納	采纳	cǎinà	(V) to accept; to adopt
似乎		sìhū	(Adv.) it seems; as if
門第	门第	méndì	(N) family status
犧牲	牺牲	xīshēng	(V) to sacrifice
毀性傷情	毁性伤情	huǐxìng shāngqíng	to destroy one's character and to hurt one's feelings
腐敗	腐败	fǔbài	(Adj.) rotten; corrupt
如同		rútóng	(Adv.) like; as
烤豬肉		kǎozhūròu	(V-O) to roast pork
一致		yízhì	(Adj.) consistent
神秘		shénmì	(Adj.) mysterious; mystical
超乎		chāohū	(V) to exceed; to surpass

異性	异性	yìxìng	(N) the opposite sex
純粹	纯粹	chúncuì	(Adj.) pure; unadulterated
歸宿	归宿	guīsù	(N) a home to return to
靈魂	灵魂	línghún	(N) soul; spirit
值錢	值钱	zhíqián	(Adj.) valuable
自豪		zìháo	(N) be proud of oneself
情景		qíngjǐng	(N) scene; sight; circumstances
原諒	原谅	yuánliàng	(V) to excuse; to forgive
犧牲品	牺牲品	xīshēngpǐn	(N) victim; prey
輕視	轻视	qīngshì	(V) despise; look down on
纏腳	缠脚	chánjiǎo	(V-O) foot binding
乃是		nǎi shì	(Adv.) 就是
苦悶	苦闷	kǔmèn	(N.) distress; trouble
淵源	渊源	yuānyuán	(N) origin; source
似是而非		sìshì'érfēi	seemingly right but actually wrong
論調	论调	lùndiào	(N) view; argument

寒暑表		hánshǔbiǎo	(N) thermometer
瑩亮		yíngliàng	(Adj.) lustrous and transparent
混亂糅雜	混乱糅杂	hùnluàn róuzá	confusing and entangled
配		pèi	(V) to deserve; to qualify
天足		tiānzú	(N) natural feet
媒妁之言		méishuòzhīyán	the good offices of the matchmaker
總而言之	总而言之	zǒng er yán zhī	(Conj.) in short; in brief
領袖	领袖	lǐngxiù	(N) leader
含有		hányǒu	(V) to contain
紙老虎	纸老虎	zhǐ láohǔ	(N) paper tiger
戳穿		chuōchuān	(V) to expose; to explode
魔力		mólì	(N) magic power; magic
喪失	丧失	sàngshī	(V) to lose; to forfeit
容忍		róngrěn	(V) to tolerate; to put up with
無可奈何	无可奈何	wúkě nàihé	have no way out; have no alternative
消極	消极	xiāojí	(Adj.) negative; passive

平安		píng'ān	(N) peace
睜開	睁开	zhēngkāi	(V) to open (the eyes)
逃婚		táohūn	(V-O) to run away to avoid marriage
拒婚		jùhūn	(V-O) to resist getting married
瘋狂	疯狂	fēngkuáng	(Adj.) insane; frenzied
尊嚴	尊严	zūnyán	(N) dignity; honor
毒爪		dúzhuǎ	(N)poison claw(talon)
恐嚇	恐吓	kǒnghè	(V) to threaten; to intimidate
膽小	胆小	dǎnxiǎo	(Adj) timid; cowardly
摧殘	摧残	cuīcán	(V) to wreck; to destroy
唯		wéi	(Adv.) only
奮鬥	奋斗	fèndòu	(V) to struggle; to fight
方		fāng	(Adv.)only then
反抗		fǎnkàng	(V) to revolt; to resist
先鋒	先锋	xiānfēng	(N) vanguard
當初	当初	dāngchū	(Adv.) originally; in the first place

不曾		bùcéng	(Adv.) have not yet
保留		bǎoliú	(V) to continue to have; to retain
獨身	独身	dúshēn	(Adj.) unmarried; single
清閑	清闲	qīngxián	(N) leisure
勝利	胜利	shènglì	(N) victory
絲毫	丝毫	sīháo	(Adj) a bit; the slightest amount or degree
...之故		...zhīgù	(N) ...的緣故
恐懼	恐惧	kǒngjù	(N) fear; dread
掮		qián	(V)to carry on the shoulder
嚇	吓	xià	(V) to frighten
以致		yǐzhì	(Conj.) with the result that
自身		zìshēn	(N)self; oneself
不可磨滅	不可磨灭	bùkěmómiè	indelible
創傷	创伤	chuāngshāng	(N) wound; trauma
生活力		shēnghuólì	(N) life force; vitality
精華	精华	jīnghuá	(N) essence

| 無謂 | 无谓 | wúwèi | meaningless |
| 消耗 | | xiāohào | (V) to consume; to use up |

父母之命与自由结婚

～词语例句～

一. 依据 　　　　　　　　　　　　according to; to base on

　※ 依据这个原则，我们便可以明白，那不以本人的情感与意见为基本的婚姻制度是不合理的。

　1. 依据万有引力的原理，地球上所有的东西都是重心向下的。

　2. 你的说法是依据什么理论呢?

二. 仍旧 　　　　　　　　　　　　　　　　　　still; yet

　※ 即使自由结婚也有离婚的，但我们仍旧要说，它是比旧式的婚姻合理。

　1. 我劝了他多次，他仍旧不改。

　2. 他虽然已经二十多岁了，但仍旧像个小孩子，一点儿也不成熟。

三. 宁愿…也不… 　　　　　　　　　would rather…than…

　※ 他们宁愿坦白地承认结婚的失败，而不愿把失败掩藏起来。

　1. 那家饭馆太脏。我宁愿饿着也不愿去那儿吃饭。

　2. 他宁愿牺牲生命也不愿出卖朋友。

四. 以为 　　　　　　　　　　　(formal) to think; to believe

　※ 我们以为失败的，是那一个躲在小屋中不敢上战场的懦夫。

　1. 我以为孝顺父母的观念在今天的社会也是值得提倡的。

　2. 他以为，人的天资固然有差别，但主要还是靠后天的努力。

五. 如同   like; just as

※ 我们不必因为一个不能定有良好结果的门第选择，而去牺牲一个
最基本的人权⋯就如同我们不必为了要吃烤猪肉，而去烧掉一所房
子。

1. 他的脸色苍白，如同大病初愈。

2. 我焦躁不安，如同热锅上的蚂蚁一样。

六. 在⋯之下   under...

※ 我们绝不能相信，那最神秘最美丽的超乎肉体的异性间的情感，
是可以在纯粹的肉体结合之下产生的。

1. 在老师的帮助之下，我的中文进步很快。

2. 在他的领导之下，这个省各方面都有了很大的变化。

七. 未免   rather; a bit too

※ 说一个男的或是女的，和一个陌生的异性同居一晚之后，便算终
身的情感有了归宿，这未免有点把一个人的灵魂看得太不值钱了吧!

1. 你这么说未免太过分了吧。

2. 上这个学校一年要交三万美金，这也未免太贵了。

八. 唯有   only; alone

※ 缠死了的脚是不会觉得疼的，老太太们告诉我们说，唯有缠死了
之后又要放开，才觉疼得难受。

1. 这个制度在青年心理上的摧残，唯有对它奋斗过来的人才能知道它
的厉害。

2.唯有亲身经历过战争的人才真正知道它的残酷性。

九. 如/像...之类　　　　　　　　　things like...; and such like

※ 在二三十年以前，一个男人或是一个女子所能容忍的情形，如与
不相识的异性结婚之类，到现在已成为一个不可能的事实了。

1.我有很多爱好，如集邮、旅行、收藏古董之类。

2.美国有很多私立大学，像哈佛、耶鲁、普林斯顿大学之类。

十. 反而　　　　　　　　　　　　　on the contrary; instead

※ 他们现在的唯一恐惧是一个民族生活力的精华，仍不免要为这些
旧制度消耗摧毁，而反不能用在重建中华民族的一件大事上。

1.我不明白为什么有经验的没得到那个工作，没经验的反而得到了。

2.今年的天气很奇怪，夏天很凉快，秋天反而很热。

父母之命与自由结婚

～练　习～

I. Make sentences using the underlined expressions:

1. 两性的结合，<u>虽然不必</u>一定灵重于肉，<u>但至少</u>是不应以肉体为它的唯一的基础。

2. <u>依据</u>这个原则，我们<u>便可以</u>明白，旧式的婚姻制度是不合理的。

3. 婚姻<u>原是</u>一件冒险的事，<u>无论</u>是父母之命<u>也好</u>，是自由结婚<u>也好</u>，美满的结果原不是人人所能得到的一种幸福。

4. 他们宁愿坦白地承认结婚的失败，<u>也不愿</u>把失败掩藏起来。

5. 我们不能因为怕离婚就不主张婚姻自由，<u>就如同</u>我们不能为了要吃烤肉，而去烧掉一所房子。

6. 说一对男女同居一晚之后，终身的情感<u>就</u>有了归宿，<u>这未免</u>把一个人的灵魂看得太不值钱了吧?

7. 缠死了的脚是不会觉得疼的。老太太告诉我们说，<u>唯有</u>缠死了之后又要把它们放开，<u>才</u>觉得疼。

8. 现在中国的<u>所谓</u>自由结婚，也<u>不过</u>是等于老太太的放脚罢了，<u>哪配</u>说是天足?

9. 在二三十年以前，一个男人或是女子所能容忍的情形，<u>如</u>与不相识的异性结婚<u>之类</u>，到现在已成为一个不可能的事实了。

II. Provide at least two appropriate objects for each of the following verbs:

例如: 揭露<u>坏人</u>　揭露<u>问题</u>

1. 推翻　2. 放弃　3. 追求　4. 掩藏　5. 贡献

6. 采纳　7. 戳穿　8. 丧失　9. 保留　10. 消耗

III. Describe a person or a situation, using the following expressions:

1. 奇耻大辱　2. 屎壳螂戴花　3. 门当户对

4. 似是而非　5. 无可奈何　6. 不可磨灭

IV. Answer the following questions:

1. 在你看来，结婚的基本条件是什么?

2. 两个人相爱是不是一定要结婚? 为什么?

3. 你觉得美国现在的婚姻法合理吗? 有什么不合理之处?

4. 婚姻失败是由哪些原因造成的?

5. 离婚对个人和家庭有什么样的影响?

6. 你对"独身主义"有什么看法?

7. 有人认为现代社会给了人们较多的自由，但这只能使我们的生活更复杂甚至更痛苦，你对这个看法有什么意见?

8. "门当户对"的观念是不是完全不合理? 为什么?

V. Composition:

1. 为什么现代社会离婚率这么高?

2. 谈家庭幸福

家庭結構變動中的老年贍養問題

贍養	赡养	shànyǎng	(V) to support; to provide for
親子關係	亲子关系	qīnzǐ guānxi	(N) the relationship between parents and children
細胞	细胞	xìbāo	(N) cell
群體	群体	qúntǐ	(N) (biology) colony (of living things); group
再生產	再生产	zàishēngchǎn	(N) reproduction
綿續	绵续	miánxù	(V) to be continuous; to stretch long and unbroken
核心		héxīn	(N) core; kernel
莫大		mòdà	(Adj.) greatest; utmost
接近		jiējìn	(V) to be close to; to approach
趨同	趋同	qūtóng	(V) to tend to
缺乏		quēfá	(V) to be short of; to lack
對比	对比	duìbǐ	(N) contrast
有關	有关	yǒuguān	(Adj.) relate to; concern
成熟		chéngshú	(Adj.) ripe; mature

設想	设想	shèxiǎng	(N) tentative plan
空巢		kōngcháo	(N) empty nest
形容		xíngróng	(V) to describe
模式		móshì	(N) pattern
撫育	抚育	fǔyù	(V) to raise; to foster; to nurture
義務	义务	yìwù	(N) duty; obligation
辛辛苦苦		xīnxīnkǔkǔ	taking great pains; working laboriously
一旦		yídàn	(Adv.) once; in case
羽毛豐滿	羽毛丰满	yǔmáo fēngmǎn	fledged; mature
勞燕分飛	劳燕分飞	láo-yàn fēn fēi	Lit: to be like birds flying in different directions; to go separate ways
且		qiě	(Adv.) (formal) just; for the time being
是否		shìfǒu	(Adv.) whether or not
如此		rúcǐ	(Adv.) so; such; like that
比喻		bǐyù	(N) metaphor
凄涼	凄凉	qīliáng	(Adj.) dreary; desolate
晚景		wǎnjǐng	(N) evening scene; one's circumstances in old age

反感		fǎn'gǎn	(N) dislike (V) to dislike
眷戀	眷恋	juànliàn	(V) to be sentimentally attached to (a person or a place)
下場	下场	xiàchǎng	(N) (a bad) end that a person comes to
感情		gǎnqíng	(N) emotion; feeling; love
本身		běnshēn	(N) itself; in itself
何在		hézài	(QW) 在哪儿?
符合		fúhé	(V) to accord with; to conform to
義不容辭	义不容辞	yìbùróngcí	to be duty-bound; to have an unshirkable duty
現行	现行	xiànxíng	(Adj.) currently in effect; existing
婚姻法		hūnyīnfǎ	(N) marriage law
通過	通过	tōngguò	(V) to adopt; to pass
憲法	宪法	xiànfǎ	(N) constitution
明文		míngwén	(Adj.) proclaimed in writing
承認	承认	chéngrèn	(V) to acknowledge; to recognize
下列		xiàliè	(Adj.) listed below; following
公式		gōngshì	(N) formula

予以		yǔyǐ	(V) (formal) to give; to grant
世代		shìdài	(N) for generations
甲		jiǎ	the first of the ten Heavenly Stems
乙		yǐ	the second of the ten Heavenly Stems
丙		bǐng	the third of the ten Heavenly Stems
接力		jiēlì	(N) relay
簡稱	简称	jiǎnchēng	(V) be called sth. for short
反饋	反馈	fǎnkuì	(N) feedback
前者		qiánzhě	(N) the former
進一步	进一步	jìnyíbù	(Adv.) to go a step further; further
分析		fēnxī	(V) to analyze
連續	连续	liánxù	(Adj.) continuous; successive
空白		kòngbái	(Adj.) blank
參差重疊	参差重叠	cēncī chóngdié	uneven and overlapping
多樣	多样	duōyàng	(Adj.) varied; manifold
未免		wèimiǎn	(Adv.) rather; a bit too

過於	过于	guòyú	(Adv.) too; excessively
簡單化	简单化	jiǎndānhuà	(N) oversimplify
內容		nèiróng	(N) content; substance
豐富	丰富	fēngfù	(Adj.) rich; abundant
生動	生动	shēngdòng	(Adj.) lively; vivid
偏重		piānzhòng	(V) to lay particular stress on
居住		jūzhù	(V) to live; to reside
當事人	当事人	dāngshìrén	(N) person(or party) concerned
資助	资助	zīzhù	(V) to aid financially
千絲萬縷	千丝万缕	qiānsī wànlǚ	countless ties; a thousand and one links
天倫	天伦	tiānlún	(N) the natural bonds and ethical relationships between members of a family
餘熱	余热	yúrè	(N) remaining warmth
溫		wēn	(Adj.) warm
熄		xī	(V) to extinguish; to put out
常態	常态	chángtài	(N) normal condition; normality
單純	单纯	dānchún	(Adj.) simple

孝道		xiàodào	(N) filial piety
香火		xiānghuǒ	(N) ancestral sacrifices; the family line
著重	着重	zhuózhòng	(V) to stress; to emphasize
傳宗接代	传宗接代	chuánzōng jiēdài	(V-O) to hand down a family name from generation to generation
象徵性	象征性	xiàngzhēng xìng	(Adj.) symbolic; token
信念		xìnniàn	(N) faith; belief
以…為訓	以…为训	yǐ...wéixùn	to take... as a maxim
榮宗耀祖	荣宗耀祖	róng zōng yào zǔ	(V-O) to bring honor(glory) to one's ancestors
奮鬥	奋斗	fèndòu	(V) to struggle; to fight
環節	环节	huánjié	(N) link
誇大	夸大	kuādà	(V) to exaggerate
推敲		tuīqiāo	(V) to weigh; to deliberate
自我		zìwǒ	(N) self; oneself
區別	区别	qūbié	(V) difference
構成	构成	gòuchéng	(N) component
樸實	朴实	pǔshí	(Adj.) simple and honest

養兒防老	养儿防老	yǎng ér fáng lǎo	生兒子是為了老年時有人贍養
嗣續	嗣续	sìxù	(N) heir; descendant
有啓發	有启发	yǒuqǐfā	(Adj.) inspiring
壯	壯	zhuàng	(N) the more robust years of a person's life(between thirty and fifty)
共同體	共同体	gòngtóngtǐ	(N) community
成員	成员	chéngyuán	(N) member
取予		qǔyǔ	(N) taking and giving
總體	总体	zǒngtǐ	(N) overall; total
長線	长线	chángxiàn	(N) long-term(range)
均衡		jūnhéng	(V) to balance (Adj.) balanced
互惠		hùhuì	(V) to make mutual benefit
隱憂	隐忧	yǐnyōu	(N) latent worry or trouble
貫徹	贯彻	guànchè	(V) to carry out thoroughly

家庭结构变动中的老年赡养问题
～词语例句～

一. 一旦
once; in case

※ 为父母的人心辛苦苦把儿女抚育成人，一旦儿女羽毛丰满却劳燕分飞，给父母留一个"空巢"。

1. 酒后开车是非常危险的，一旦出了事故，后果不堪设想。

2. 我所有的信用卡都在这个钱包里，这个钱包一旦丢了，我就惨了。

二. 且不（问/论/谈）
put sth. aside for the moment...

※ 且不问西方的家庭事实上是否如此，这种比喻在中国人中却能引起这种凄凉晚景的反感。

1. 且不说你父母同不同意你大学没毕业就结婚，你考虑过怎么维持生活了没有？

2. 人口膨胀会给一个城市带来很多问题。且不谈就业的困难，住房，交通都会是大问题。

三. 予以
give; grant

※ 我们是否可以用下列公式来予以表示...

1. 我的那本书已对这个问题予以说明，这里就不再解释了。

2. 我们希望校方对这个问题予以认真地研究，并提出相应的措施。

四. 因而
thus; as a result

※ 第二第三期有参差重迭的情况，因而也使生活单位的结构复杂而

多样。

1. 十年的经济改革加速了中国经济的发展，因而也提高了人民的生活水平。

2. 最近几年这个城市凶杀犯罪增多，医疗条件又得不到改善，因而死亡率上升了。

五. 即　　　　　　　　　　　　　　　　to be; to mean; namely

※他们这样解释传宗接代即嗣续的问题，这对我很有启发。

1. 中国政府从七十年代开始推行计划生育，即"一家一个孩子"的人口政策。

2. "五四"运动发生的那一年，即一九一九年，他正在北京大学读书。

家庭结构变动中的老年赡养问题

～练 习～

I. Make sentences using the underlined expressions:

1. 人本身的再生产就是<u>通过</u>亲子关系<u>进行</u>的。

2. 不论任何社会总是<u>以</u>亲子关系<u>为基础</u>构成它最基本的群体。

3. 为父母的人辛辛苦苦把儿女抚育成人，<u>一旦</u>儿女羽毛丰满却劳燕分飞，给父母留一个"空巢"。

4. <u>且不问</u>西方家庭的事实是否如此，这种比喻在中国人中却能引起反感。

5. 如果<u>进一步</u>分析西方的接力模式，在一个人的一生中可以分出三个连续的时期.

6. 上面的这种分析<u>未免</u>过于简单化。

7. 上面所说的只是<u>就</u>法律上的规定<u>而言</u>。

8. 这种说法<u>是否</u>有点儿夸大，还值得推敲。

II. Describe a person or a situation using each of the following expressions.

1. 辛辛苦苦　　2. 义不容辞　　3. 千丝万缕

4. 荣宗耀祖　　5. 参差重迭　　6. 羽毛丰满

II. Find the most appropriate word for each of the blanks:

1. 莫大　2. 形容　3. 比喻　4. 抚育　5. 缺乏

6.反感　7.反馈　8.生动　9.资助　10.成熟

1.张先生的演讲非常_____，吸引了很多听众。

2.他太自私，所以大家都对他很_____。

3.胡适把父子关系_____成"树"和"果"的关系。

4.学生可以通过问问题的方法从老师那儿得到_____。

5.大学的学费越来越贵，很多学生要向政府或学校申请_____。

6.小李虽然已经二十多岁了，可是还是不够_____，经常作一些很幼稚的事。

7.听到这个消息时，我的心情很复杂，真不知道怎么_____。

8.刚刚走上社会的青年还很_____生活经验。

9.他受伤以后得到很多亲友的帮助，给了他_____的安慰。

10.小孩子需要父母的精心_____和培养才能成长为身心健康的有用之材。

IV. Answer the following questions:

1.作者认为"亲子关系"的重要性是什么？

2.你觉得家庭关系对我们的社会有什么影响？

3.你觉得哪一种"亲子关系"是最理想的？

4.中国人认为儿女应该赡养父母,否则就是对父母不孝顺。你对这种"孝顺"的观念有什么看法？

5.作者指出中西方在赡养父母问题上的不同做法。他认为造成这种不同的经济和文化基础是什么？

6.在你看来，"赡养老人"是个人问题还是社会问题？为什么？

7.有人说美国社会是"儿童的天堂,青年人跟中年人的战场,老年人的地狱"。你对这个说法有什么看法？

8. 很多发达国家的社会正在逐渐出现"老化"的现象。社会"老化"会给我们带来什么样的问题?

9. "生老病死"是人之常情,你认为一个人应该怎样对待和安排自己的老年?

10. 随着社会的现代化,家庭关系有了什么样的变化?

V. Composition:

1. 我跟父母的关系

2. 谈孝顺

中國少數民族的發展

具有		jùyǒu	(V) to possess
包括…在內		bāokuò...zàinèi	to include
來源		láiyuán	(N) source; origin
屬	属	shǔ	(V) to belong to
共同體	共同体	gòngtóngtǐ	(N) community
先人		xiānrén	(N) ancestor
考古		kǎogǔ	(V-O) to engage in archaeological studies
證實	证实	zhèngshí	(V) to confirm; to verify
境	境	jìng	(N) boundary; territory
原始人	原始人	yuánshǐrén	(N) primitive man
殘骸	残骸	cánhái	(N) remains; wreckage
類型	类型	lèixíng	(N) type
遺址	遗址	yízhǐ	(N) ruins; relics
悠久		yōujiǔ	(Adj.) long-standing (history)

統治階級	统治阶级	tǒngzhì jiējí	(N) ruling class
禁區	禁区	jìnqū	(N) forbidden zone
認真	认真	rènzhēn	(Adv.) conscientiously
誕生	诞生	dànshēng	(V) to be born
積累	积累	jīliě	(V) to accumulate
豐富	丰富	fēngfù	(Adj.) rich; plentiful
確認	确认	quèrèn	(V) to confirm
數量	数量	shùliàng	(N) quantity; amount
差距		chājù	(N) gap; disparity
漢族	汉族	Hànzú	(N) the Han nationality
統稱	统称	tǒngchēng	(V) to be called by a joint name; a general designation
壯族	壮族	Zhuàngzú	(N) the Zhuang nationality
赫哲族		Hèzhézú	(N) the Hezhe nationality
懸殊	悬殊	xuánshū	(Adj.) disparate
一律		yílù	(Adv.) without exception
機關	机关	jīguān	(N) office

全國人民 代表大會	全国人民 代表大会	Quánguó Rénmín Dàibiǎo Dàhuì	(N) the National People's Congress
土地面積	土地面积	tǔdì miànjī	(N) area of land
聚居		jùjū	(V) to inhabit a region (as an ethnic group)
平原		píngyuán	(N) plain; flatland
沿著	沿着	yánzhe	(Prep.) along
陸地	陆地	lùdì	(N) land
邊疆	边疆	biānjiāng	(N) border area; borderland
高原		gāoyuán	(N) plateau
山區	山区	shānqū	(N) mountain area
草原		cǎoyuán	(N) grasslands; prairie
分佈	分布	fēnbù	(N) distribution
根源		gēnyuán	(N) source; origin; root
興起	兴起	xīngqǐ	(V) to rise; to spring up
流域		liúyù	(N) valley; basin
手工業	手工业	shǒugōngyè	(N) handicraft industry
逐步		zhúbù	(Adv.) step by step

擴張	扩张	kuòzhāng	(V) to expand; to spread
深入		shēnrù	(V) to go deep into
適宜	适宜	shìyí	(Adj.) suitable; fit
農耕	农耕	nónggēng	(N) farming
融合		rónghé	(V) to mix together
血統	血统	xuètǒng	(N) blood relationship; blood lineage
雜	杂	zá	(Adj.) mixed
擴及	扩及	kuòjí	(V-C) to expand to
吸收		xīshōu	(V) to absorb; to assimilate
分散		fēnsàn	(V) to disperse
詳細	详细	xiángxì	(Adj.) detailed; minute
穿插		chuānchā	(Adv.) alternately
重疊		chóngdié	(V) to overlap
交錯	交错	jiāocuò	(V) to interlock; to crisscross
大體上	大体上	dàtǐshàng	(Adv.) roughly; on the whole
省		shěng	(N) province

行政區	行政区	xíngzhèngqū	(N) administrative division
縣		xiàn	(N) county
新疆		Xīnjiāng	(N) Xinjiang (Uygur)
西藏		Xīzàng	(N) Xizang (Tibet)
自治區	自治区	zìzhìqū	(N) autonomous region
密切		mìqiè	(Adv.) closely; intimately
交織	交织	jiāozhī	(V) to interweave
地理		dìlǐ	(N) geography
荒瘠		huāngjí	(Adj.) waste and barren
貧乏	贫乏	pínfá	(Adj.) poor; short
山坡		shānpō	(N) hillside; mountain slope
森林		sēnlín	(N) forest
至今		zhìjīn	up to now; to this day
礦藏	矿藏	kuàngcáng	(N) mineral resources
廣闊	广阔	guǎngkuò	(Adj.) vast; wide; broad
優良	优良	yōuliáng	(Adj.) fine; good

天然		tiānrán	(Adj.) natural
牧場	牧场	mùchǎng	(N) grazing land; pasture-land
亞熱帶	亚热带	yàrèdài	(N) subtropical zone
橡膠	橡胶	xiàngjiāo	(N) rubber
經濟作物	经济作物	jīngjì zuòwù	(N) industrial (cash) crop
產區	产区	chǎnqū	(N) place of production
高寒		gāohán	(Adj.) high and cold
山頂	山顶	shāndǐng	(N) the top of a mountain; peak
名貴	名贵	míngguì	(Adj.) famous and precious
藥材	药材	yàocái	(N) medicinal materials
珍禽異獸	珍禽异兽	zhēnqín-yìshòu	(N) rare animals; 禽(birds); 獸 (beasts)
秀麗	秀丽	xiùlì	(Adj.) beautiful; pretty
勝地	胜地	shèngdì	(N) famous scenic spot
輕視	轻视	qīngshì	(V) to despise; to underestimate
半壁江山		bàn bì jiāngshān	(N) half of the country
基地		jīdì	(N) base

地大物博		dìdà-wùbó	vast territory and abundant resources
人口眾多	人口众多	rénkǒu-zhòngduō	to have a very large population
互補長短	互补长短	hù bǔ chángduǎn	each supplies what the other needs
構成	构成	gòuchéng	(V) to constitute; to form
資源	资源	zīyuán	(N) natural resources
不相上下		bù xiāng shàng xià	equally matched
回族		Huízú	(N) the Hui nationality
滿族	满族	Mǎnzú	(N) the Man (Manchu) nationality
朝鮮族	朝鲜族	Cháoxiǎnzú	(N) the Chaoxian (Korean) nationality
交際	交际	jiāojì	(N) social intercourse; communication
尤		yóu	(Adv.) especially; particularly
獲取	获取	huòqǔ	(V) to obtain; to gain
憲法	宪法	xiànfǎ	(N) constitution
採用	采用	cǎiyòng	(V) to adopt; to use
拉丁化		Lādīnghuà	(V) to romanize
字母		zìmǔ	(N) letter and alphabet

方案		fāng'àn	(N) plan; proposal
拼寫	拼写	pīnxiě	(V) to spell; to transliterate
通用		tōngyòng	(Adj.) in common use; interchangeable
未		wèi	(Adv.) to have not; did not
群眾	群众	qúnzhòng	(N) the masses
迅速		xùnsù	(Adv.) rapidly; quickly
總結	总结	zǒngjié	(V) to sum up
教訓	教训	jiàoxùn	(N) lesson; moral
有效		yǒuxiào	(Adj.) efficacious; effective
從...出發	从..出发	cóng...chūfā	in a certain manner or according to a certain...
具體	具体	jùtǐ	(Adj.) concrete; specific
其		qí	(Pron.) his (her; its; their); he (she; it; they)
自願	自愿	zìyuàn	(Adj.) voluntary; of one's own accord
基礎	基础	jīchǔ	(N) basis
渠道		qúdào	(N) medium of communication; channel
往來		wǎnglái	(N) coming and going; contact

日益頻繁	日益频繁	rìyì pínfán	to become more frequent day by day
障礙	障碍	zhàng'ài	(N) hindrance
普遍		pǔbiàn	(Adj.) common; general
有啓發	有启发	yǒuqǐfā	(Adj.) inspiring
加速		jiāsù	(V) to speed up; to accelerate

中国少数民族的发展
～词语例句～

一. **其中**   among them, of them, etc.

※ 到目前为止，可以确认的民族一共有56个，其中有一个是今年五月才正式确定的。

1. 这个学校有六千个学生，其中有两千五百个是女生。

2. 这个图书馆有五千万册书，其中十分之一是中文书。

二. **尤（其）**   especially; particularly

※ 在解放前只有17个少数民族有自己的民族文字，其中能作为一般交际工具的尤属少数。

1. 北京的风很大，尤其是春天。

2. 大城市的污染问题很严重，工业城市尤为严重。

三. **供**   for

※ 语言学家提出了一个供各民族采用的共同的拉丁化拼音字母的方案。

1. 这套教材可供初学中文的学生使用。

2. 我的意见仅供你考虑。

四. **经过**   as a result of; after; through

※ 经过语言学者的调查研究和本民族的努力，解放后有10个民族创造了新的文字。

1.经过再三考虑，我决定辞掉工作，回到大学去念书。

2.经过讨论，大家意见一致了。

五. 未   have not

※ 有些民族的文字还未能为群众所通用。

1.信用卡在很多国家还未通用。

2.这个建议不太实际，所以大家并未接受。

六. 从…出发   proceed from…, from a certain point of view

※ 从当前的具体情况出发，在已经有文字的民族中，必须大力通过

    其本民族文字作为提高民族文化的工具。

1.中美关系的发展应该从维护世界和平的原则出发。

2.经济改革要从中国的实际情况出发,不能全盘照搬西方的体制。

中国少数民族的发展
～练 习～

I. Make sentences using the underlined expressions:

1. <u>到</u>目前为止，可以确认的民族<u>一共</u>有65个，<u>其中</u>有一个是今年才正式确定的。

2. 汉族<u>约占</u>全国人口的94%。少数民族中人口最多的是壮族，现在已<u>超过</u>1000万人。人口最少的是赫哲族，现在还<u>不到</u>1000人。

3. 现在我们已经做到: 民族<u>不论</u>大小，<u>一律</u>平等。

4. 汉族不断<u>和</u>当地居民<u>相融合</u>，<u>形成</u>了当前世界上人数最多的民族。

5. 汉族把好地方占了，<u>以致使</u>少数民族经济发展不了。

6. 少数民族除了少数在文化水平<u>上</u>和汉族<u>不相上下</u>，绝大多数是比较落后的。

7. <u>根据</u>这个方案，任何民族的人都可以用这些字母拼写自己的语言。

8. <u>从</u>当前的具体情况<u>出发</u>，我们必须通过本民族文字作为提高民族文化的工具。

II. Provide at least two appropriate nouns for the following adjectives:

例如: 美丽的<u>景色</u>　美丽的<u>姑娘</u>

1. 悠久　2. 通用　3. 丰富　4. 详细　5. 密切

6. 贫乏　7. 优良　8. 天然　9. 名贵　10. 秀丽

III. Explain the following expressions in Chinese or with examples:

1. 少数民族　　2. 统治阶级　　3. 民族压迫　　4. 全国人民代表大会

5. 自治区　　6. 拼音字母方案　7. 拉丁化　　8. 世界语

IV. Answer the following questions:

1. 在历史上，中国对少数民族问题重视吗？为什么？

2. 汉族跟少数民族在人口比例上各有什么特点？这对他们的政治及社会地位有什么影响？

3. 作者怎么评价49年以后中国政府的少数民族政策？

4. 作者为什么说汉族是血缘最杂的一个民族？

5. 在一个多民族的国家里，怎样才能使各民族和睦相处？

6. 有人说，少数民族要先"汉化"才能"现代化"，你怎么看？

7. 少数民族为什么要保留自己的语言文字？

8. 在你看来，美国政府对少数民族的政策怎么样？

9. 在美国有"双语教育"（bilingual education），你对这样的教育项目有什么看法？

10. 你对 affirmative action 这个政策有什么看法？

V. Composition:

1. 我对中国少数民族政策的看法

2. 谈美国的少数民族问题

關於北京城牆存廢問題的討論

城牆	城墙	chéngqiáng	(N) city wall
存廢	存废	cúnfèi	(V) to preserve or to demolish
梁思成	梁思成	Liáng Sīchéng	(N) (1901-1972) architect
拆		chāi	(V) to tear down
都市		dūshì	(N) city
即將	即将	jíjiāng	(Adv.) to be about to
如何		rúhé	(QW) how
處理	处理	chǔlǐ	(V) to handle; to deal with
途徑	途径	tújìng	(N) way; channel
不外		búwài	(Adv.) nothing more than
拆除		chāichú	(V) to demolish; to remove
保存		bǎocún	(V) to preserve; to keep
市容		shìróng	(N) appearance of a city
慎重		shènzhòng	(Adv.) cautiously; carefully
研討	研讨	yántǎo	(V) to deliberate; to discuss

270

原則	原则	yuánzé	(N) principle
結論	结论	jiélùn	(N) conclusion
防禦	防御	fángyù	(V) to defend
工事		gōngshì	(N) fortifications; defence
功用		gōngyòng	(N) function; use
盡	尽	jìn	(V) to do(fulfill) one's...
任務	任务	rènwù	(N) mission; task
帝王		dìwáng	(N) emperor; monarch
遺蹟	遗迹	yíjì	(N) historical remains; vestige
阻礙	阻碍	ǔ' ài	(V) to hinder
取得	取得	qǔdé	(V) to gain; to acquire
磚	砖	zhuān	(N) brick
地皮	地皮	dìpí	(N) land; ground
公路	公路	gōnglù	(N) highway; road
留之無用	留之无用	liú zhī wúyòng	留著它沒有用
薄利		bólì	(N) small profits

有利可圖	有利可图	yǒu lì kě tú	have good prospects of profit; be profitable
論點	论点	lùndiǎn	(N) argument
片面	片面	piànmiàn	(Adj.) one sided
狹隘	狭隘	xiá'ài	(Adj.) narrow and limited
知其一 不知其二	知其一 不知其二	zhī qí yī bù zhī qí èr	know only one aspect of a thing
見樹不見林	见树不见林	jiàn shù bú jiàn lín	not see the forest for the trees
保留		bǎoliú	(V) to retain; to reserve
抵觸	抵触	dǐchù	(V) to conflict; to contradict
人民大眾	人民大众	rénmín dàzhòng	(N) the masses
久遠	久远	jiǔyuǎn	(Adj.) permanent; forever
可貴	可贵	kěguì	(Adj.) valuable; praiseworthy
秩序		zhìxù	(N) order
野草	野草	yěcǎo	(N) weeds
蔓延		mànyán	(V) to spread; to extend
式		shì	(N) type; pattern
滋長	滋长	zīzhǎng	(V) to grow; to develop

狀態	状态	zhuàngtài	(N) state
住宅		zhùzhái	(N) residences
便		biàn	(Adv.) 就
混雜	混杂	hùnzá	(V) to mix; to mingle
漸漸	渐渐	jiànjiàn	(Adv.) gradually; little by little
密集		mìjí	(V) to concentrate; to crow together
四郊		sìjiāo	(N) suburbs; outskirts
展開		zhǎnkāi	(V) to spread out
隨著	随着	suízhe	(Adv.) along with
追蹤而去	追踪而去	zhuīzōng ér qù	to follow the trail of
重重包圍	重重包围	chóngchóng bāowéi	to surround layer upon layer
地道車	地道车	dìdàochē	(N) subway
郊野		jiāoyě	(N) suburbs
枯燥		kūzào	(Adj.) dull and dry; uninteresting
嘈雜	嘈杂	cáozá	(Adj.) noisy
遊息	游息	yúxī	to stroll about and to have a rest

侵占		qīnzhàn	(V) to invade and occupy
忍受		rěnshòu	(V) to bear; to endure
擁擠	拥挤	yōngjǐ	(Adj.) crowded
解除		jiěchú	(V) to remove; to relieve
無限制	无限制	wúxiànzhì	(Adv.) unrestrictedly
設法	设法	shèfǎ	(V) to think of a way; to do what one can
劃分	划分	huàfēn	(V) to divide
若干		ruògān	(Adj.) a certain number or amount of
區域	区域	qūyù	(N) region; area; district
園林	园林	yuánlín	(N) garden; park
地帶	地带	dìdài	(N) region; zone
隔離	隔离	gélí	(V) to keep apart; to divide
合理化		hélǐhuà	(V) to rationalize
田園之樂	田园之乐	tiányuán zhī lè	the joyfulness of idyllic life
大自然		dàzìrán	(N) nature
行政管理		xíngzhèng guǎnlǐ	(N) administration

易於掌握	易于掌握	yì yú zhǎngwò	easy to grasp
負	负	fù	(V) to be responsible for; to be in charge of
隔離物	隔离物	gélíwù	(N) partition
固然		gùrán	(Conj.) no doubt; it is true
阻梗		zǔgěng	(V) to block; to obstruct
護城河	护城河	hùchénghé	(N) city moat
環城	环城	huánchéng	(Adj.) around the city
鐵路	铁路	tiělù	(N) railway
綠帶	绿带	lùdài	(N) a green belt(zone) made by planting trees
放舟		fàngzhōu	(V-O) Lit. to paddle a boat
釣魚	钓鱼	diàoyú	(V-O) to go fishing
溜冰場	溜冰场	liūbīng chǎng	(N) skating rink
不唯如此		bù wéi rú cǐ	not only that; moreover
平均		píngjūn	(Adj.) average; mean
寬度	宽度	kuāndù	(N) width; breadth
砌		qì	(V) to build by laying bricks or stones

花池		huāchí	(N) flower bed
栽植	栽植	zāizhí	(V) to plant; to transplant
丁香		dīngxiāng	(N) lilac
薔薇		qiángwēi	(N) rose
灌木		guànmù	(N) bush
鋪	铺	pū	(V) to pave
草地	草地	cǎodì	(N) grassland; lawn
安放		ānfàng	(V) to lay; to place
黃昏		huánghūn	(N) dusk
納涼	纳凉	nàliáng	(V-O) to enjoy the cool
時節	时节	shíjié	(N) season
登高遠眺	登高远眺	dēng gāo yuǎntiào	to ascend a height in order to enjoy a distant view
俯視	俯视	fǔshì	(V) to look down at
蒼蒼	苍苍	cāngcāng	(Adj.) vast and hazy
西山		Xīshān	(N) name of a hill in Beijing
無際	无际	wújì	(Adj.) unlimited; no boundary

平原		píngyuán	(N) plain; flatland
接近		jiējìn	(V) to be close to
壯闊胸襟	壮阔胸襟	zhuàngkuò xiōngjīn	to broaden one's mind
城樓	城楼	chénglóu	(N) gate tower
角樓	角楼	jiǎolóu	(N) corner tower
辟		pì	(V) to open up; to lay out
陳列館	陈列馆	chénlièguǎn	(N) exhibition hall
閱覽室	阅览室	yuèlǎnshì	(N) reading room
茶點鋪	茶点铺	chádiǎnpù	(N) teahouse
文娛圈	文娱圈	wényú quān	(N) cultural and recreational circles
立體	立体	lìtǐ	(Adj.) three-dimensional
獨一無二	独一无二	dúyī-wú'èr	unique
皇宮		huánggōng	(N) imperial palace
禁地		jìndì	(N) forbidden zone
清明		Qīngmíng	(N) Tomb Sweeping Day (April 5)
郊外		jiāowài	(N) outskirts

頤和園	颐和园	Yíhéyuán	(N) the Summer Palace
達到	达到	dádào	(V) to achieve; to reach
記錄	记录	jìlù	(N) record
迫切		pòqiè	(Adv.) urgently
等候		děnghuò	(V) to wait
疲勞	疲劳	píláo	(Adj.) tired; fatigued
筋骨		jīngǔ	(N) bones and muscles
優美	优美	yōuměi	(Adj.) fine; exquisite
情緒	情绪	qíngxù	(N) mood; sentiment
文物		wénwù	(N) cultural relic
假使		jiǎshǐ	(Conj.) if; in case
國防	国防	guófáng	(N) national defence
高射炮		gāoshèpào	(N) antiaircraft gun
陣地	阵地	zhèndì	(N) position; front
適當	适当	shìdàng	(Adj.) suitable; proper
道路		dàolù	(N) road; way; path

系統	系统	xìtǒng	(N) system
設計	设计	shèjì	(V) to design; to plan
車流	车流	chēliú	(N) traffic flow
洪水		hóngshuǐ	(N) flood
泛濫	泛滥	fànlàn	(V) to overflow
引導	引导	yǐndǎo	(V) to guide; to lead
匯集	汇集	huìjí	(V) to come together; to converge
幹道	干道	gàndào	(N) major road
聯繫	联系	liánxì	(V) to contact
位置		wèizhi	(N) place; position
強調	强调	qiángdiào	(V) to stress; to emphasize
統治者	统治者	tǒngzhìzhě	(N) ruler
保衛	保卫	bǎowèi	(V) to defend; to safeguard
理應	理应	lǐyīng	(Aux.) ought to; should
偏差		piānchā	(N) deviation; error
宮殿		gōngdiàn	(N) palace

博物院		bówùyuàn	(N) museum
誕生	诞生	dànshēng	(V) to emerge; to be born
昭告		zhāogào	(V) to declare publicly
體形	体形	tǐxíng	(N) bodily form; build
遺物	遗物	yíwù	(N) things left behind by the deceased
勞動人民	劳动人民	láodòng rénmín	(N) working people
創造	创造	chuàngzào	(V) to create
杰作	杰作	jiézuò	(N) outstanding work; masterpiece
專用	专用	zhuānyòng	(V) to use for a special purpose
屬於	属于	shǔyú	(V) to belong to; to be part of
紀念	纪念	jìniàn	(V) to commemorate
辛苦		xīnkǔ	(Adj.) hard; toilsome
事蹟	事迹	shìjì	(N) achievement
遺留	遗留	yíliú	(V) to leave over; to hand down
執行	执行	zhíxíng	(V) to carry out; to execute
承繼	承继	chéngjì	(V) to inherit; to carry on

集體	集体	jítǐ	(N) a collective
環繞	环绕	huánrào	(V) to surround; to encircle
氣魄雄偉	气魄雄伟	qìpò xióngwěi	grand; magnificent
平凡		píngfán	(Adj.) ordinary; common
疊積	叠积	diéjī	(Adj.) accumulative
磚堆	砖堆	zhuānduī	(N) pile of bricks
舉世無匹	举世无匹	jǔshì wúpǐ	unique
大膽	大胆	dàdǎn	(Adj.) bold; daring
國寶	国宝	guóbǎo	(N) national treasure
人類	人类	rénlèi	(N) mankind
珍貴	珍贵	zhēnguì	(Adj.) valuable; precious
豈可	岂可	qǐkě	(Adv.) how could; how is it possible
強有力		qiáng yǒulì	(Adj.) strong and powerful
辯駁	辩驳	biànbó	(N) dispute; refutation
石灰		shíhuī	(N) lime
混凝土	混凝土	hùnníngtǔ	(N) concrete

堅硬	坚硬	jiānyìng	(Adj.) hard; solid
岩石		yánshí	(N) rock
約略	约略	yuēlüè	(Adv.) roughly; approximately
噸	吨	dūn	(AN) ton
車皮	车皮	chēpí	(N) railway wagon or carriage
列車	列车	lièchē	(N) train
堅實	坚实	jiānshí	(Adj.) solid; substantial
廢料	废料	fèiliào	(N) waste material
炸藥	炸药	zhàyào	(N) explosive
爆炸		bàozhà	(V) to explode
景山		Jǐngshān	(N) name of a park in Beijing
乃至		nǎizhì	(Conj.) (formal) and even
繞過	绕过	ràoguò	(V) to go round
一舉兩得	一举两得	yìjǔ-liǎngdé	kill two birds with one stone
苦心		kǔxīn	with good intentions
野戰軍	野战军	yězhànjūn	(N) field army

龐大	庞大	pángdà	(Adj.) huge; enormous
果實	果实	guǒshí	(N) fruit; gains
磚窯業	砖窑业	zhuānyáoyè	(N) brick-making business
庸人自擾	庸人自扰	yōngrén zì rǎo	worry about imaginary troubles
罪過	罪过	Zuì.guò	(N) fault; sin

关于北京城墙存废问题的讨论

～词语例句～

一. 即将   to be about to

※ 新首都的都市计划即将开始。

1. 二十一世纪的世界经济即将发生一个重大的变化。

2. 他大学毕业了，即将走人社会，开始新的生活。

二. 不外   not beyond the scope of; nothing more than

※ 处理的途径不外拆除和保存两种。

1. 他喜欢看的电影不外是爱情片和侦探片。

2. 在国际市场上汽车销售量最大的国家不外是美国和日本。

三. 假使   if; in case; in the event that

※ 假使能把城墙的灰土清除，用由二十八节十八吨的车皮组成的列

车每日送一次，要八十三年才能运完。

1. 假使我当初学了电脑，现在找工作就很容易了。

2. 假使你早一点告诉我这条近路，我就不用绕路了。

四. 如此...   so; such; in this way

※ 如此浪费人力，同时还要毁掉环绕着北京的一件国宝文物，这不

但是庸人自扰，简直是罪过的行为了。

1. 我没想到你如此保守，到现在还有男尊女卑的想法。

2. 这个地区竟如此落后，连电灯都没有。

五. 趨向　　　　　　　　　　　　　　　　　to tend to; to incline to

※ 這樣辯論的結果，雙方的意見是不應該不趨向一致的。

1. 今天的經濟日益趨向區域化、國際化。

2. 中國的社會現在越來越趨向於商業化。

关于北京城墙存废问题的讨论

～练 习～

I. Make sentences using the underlined expressions:

1. 处理城墙的途径<u>不外</u>拆除和保存两种。

2. <u>自从</u>十八、十九世纪<u>以来</u>，欧美的大都市因为工商业的发展变成了野草蔓延式的滋长状态。

3. 住宅区向四郊发展时，工商业也<u>随着</u>向外移。

4. 河内可以放舟钓鱼，冬天又是一个很好的溜冰场。<u>不唯如此</u>，城墙上面还可以砌花池。

5. 古老的城墙<u>以</u>民族文物和自然景色<u>来</u>丰富他们的生活。

6. 我们继承了这样可贵的一件历史遗产，我们<u>岂可</u>随便把它毁掉!

7. 别的方法<u>难道</u>就不该加以考虑?

8. 这些坚硬的灰土，<u>既不</u>能用以种植，<u>又不</u>能用作建筑材料。

9. 拆掉城墙一方面浪费人力，另一方面会毁掉一座古代文物。这<u>不但是</u>庸人自扰，<u>简直是</u>罪过的行动了。

II. Describe a person or a situation using each of the following expressions:

1. 知其一不知其二　2. 见树不见林　3. 独一无二
4. 举世无匹　5. 庸人自扰　6. 有利可图

III. Write a short paragraph to discuss each of the following questions, using the words or phrases provided in the parentheses:

1. 你认为象北京的城墙这样的古建筑有保存的意义吗?（功用/拆除/阻碍/慎重/市容）

2. 现代化的城市建设应该考虑到哪几个方面?（原则/住宅/设法/爱护/强调）

3. 为什么说环境是保障我们生活质量的一个重要部分?（情绪/疲劳/解除/嘈杂/拥挤）

4. 你认为美国哪个城市是最理想的城市?为什么?（设计/位置/系统/平均/秩序）

IV. Answer the following questions:

1. 你觉得北京这个城市有什么特点?

2. 除了城墙以外，"四合院"和"小胡同"也代表了老北京的特色。有人认为拆掉这些建筑，北京就会失去它特有的文化特色。你怎么看这个问题?

3. 作者为什么主张保留北京的城墙?

4. 作者批评欧美大城市的发展缺乏计划性，因此市内环境不好。你同意他的看法吗?

5. 请你讲讲纽约城市发展的情况?有什么优点?有哪些问题?

6. 你认为在美国最理想的居住区是在城市还是在乡下或者郊区?为什么?

7. 为了有一个较好的居住环境，我们应该注意哪些问题?

8. 城市的现代化给我们的生活带来了不少方便，也造成了不少问题。有哪些问题?

9. 你觉得政府在决定一个新的城市发展项目之前是否应该听取市民的意见?
为什么?

V. Composition:

1. 请你写一篇文章给中国的一家报社，抱怨一个古建筑年久失修的情况。
2. 请你给你所居住的那个城市的市长写一封信，对在你家附近将要新建一
家化工厂的事发表意见。

生　词　索　引

本索引按汉语拼音字母顺序排列。

各词条后的数目字表示该词条所出现的页码。

A

ái, 挨 , drag out (time), 85

àidài, 愛戴 , love and respect, 175

àiguóxīn, 愛國心 , patriotism; patriotic feeling, 7

ai.hù, 愛f護 , take good care of , 63

àiliàn, 愛戀 , love, 110

àiqíng, 愛情 , love, 62

ānchā, 安插 , assign , 136

ānchún, 鵪鶉 , quail, 17

ānfàng, 安放 , lay; place, 276

ángtóu, 昂頭 , hold one's head high, 101

āngzāng, 骯髒 , dirty; filthy, 195

Anhuī, 安徽 , Anhui Province, 78

àn lǎ.bā, 按喇叭 , honk the horn, 202

āntǔ zhòngqiān, 安土重遷 , attached to
   one's native land and unwilling to move, 218

ānyì, 安逸 , easy and comfortable, 17

ànzhe, 按著 , according to; in light of, 148

B

bà, 罷 , 93

bāhángshū, 八行書 , letter, 190

bǎi, 攞 , place; put, 156, 233

báichī, 白痴 , idiot, 203

báidì, 白地 , white background (of cloth), 91

báifà hóngyán, 白髮紅顏 , grey hair and rosy face
   (cheeks); an old man and a young girl, 64

bǎihé, 百合 , lily, 95

báilángníng, 白郎寧 , browning pistol, 85

báishǒu xiélǎo, báitóu dàolǎo, 白首偕老 ,
   白頭到老, live in conjugal bliss to a ripe old
   age, 217

bǎituō, 攞脫 , cast off; shake off, 138

báiyín, 白銀 , silver, 168

bàizhàng, 敗仗 , lost battle; defeat, 232

bā.jié, 巴結 , kiss up ; butter somebody up, 79

bànbìjiāngshān 半壁江山 half of the country, 262

bǎng, 綁 , truss up, 85

bāngxián, 幫閑 , literary hack, 185

bāngxiōng, 幫兇 , accomplice; accessory, 185

bānjiǎng, 頒獎 , issue prizes, 120

bànlǚ, 伴侶 , companion, 230

bào, 暴 , violent, 231

bāobàn, 包辦 , take charge of affairs, 188

bāobiǎn, 褒貶 , complimentary or derogatory;
   praise or censure, 20

bāobì fùshuì, 包庇賦稅 , evade taxes, 187

bào chéngjiàn, 抱成見 , have prejudice, 172

bǎochí, 保持 maintain; preserve, keep, 8, 70, 270

bàofù, 報復 , seek revenge, 83

bāogǔ, 包穀 , corn, 203

bǎoguì, 寶貴 , valuable, 118

bāohán, 包含 , contain; include, 149

bǎohédiǎn, 飽和點 , point of saturation, 219

bǎohùsè, 保護色 , protective coloration, 205

bāokuò, 包括 , include; consist of, 140, 195

bāokuò...zàinèi, 包括...在內 , including,117, 257

bǎoliú, 保留 , continue have; retain, 238, 272

bàolù, 暴露 , expose, 171

bǎomǔ, 保姆 , house sitter, 116

bàoqiàn, 抱歉 , sorry; feel apologetic, 223

bǎoquán, 保全 , preserve; save from damage, 193

bǎowèi, 保衛 , defend; safeguard, 221, 279

bàozhà, 爆炸 , explode, 282

bāzhǎng, 巴掌 , slap; palm, 83

bēi, 背 , carry on the back, 100

bēi'āi, 悲哀 , sad; sorrowful, 97

bēi.budòng, 背不動 , unable to carry, 100

bēibǐ, 卑鄙 , mean; contemptible, 40

bèi.fèn 輩份 position in the family hierarchy, 121

bēijù, 悲劇 , tragedy, 208

bēixià, 卑下 , low; vile, 110

bèndàn, 笨蛋 , fool; idiot, 202

bèngdòur, 蹦豆兒 , bouncing/leaping beans, 22

běnqián, 本錢 , capital; essentials, 22

běnsè, 本色 , true (inherent) qualities, 215

běnshēn, 本身 , itself; in itself, 247

běnzhì, 本質 , essence; innate character; nature,
   156, 182, 209

bēnzǒu, 奔走 , run; rush about, 189

bī, 逼 , force; compel, 67, 116

bǐ, 筆 , AN for a sum of money, 191

bì, 避 , avoid; evade, 217

biǎn, 匾 , horizontal inscribed board, 1

biàn, 便 , 1, 18, 233, 273

biàn, 辨 , distinguish, 206

biànbó, 辯駁 , dispute; refutation, 281

biǎn'é, 匾額 , horizontal inscribed board, 3

biàngé, 變革 , transform; change, 194

biànhù, 辯護 , speak in defense of, 205

biànhuàn mòdìng, 變幻莫定 , shimmering;
   unpredictable, 119

biānjiāng, 邊疆 , border area; borderland, 259

biànmíng, 辯明 , argue and make clear, 209

biànqiān, 變遷 , vicissitudes, 225

biàntài, 變態 , variation, 219

biàntǐ línshāng, 遍體鱗傷 , covered all over with
   cuts and bruises, 67

biānyuǎn, 邊遠 , remote and marginal, 118

biānyuán, 邊緣 , margin, 215

biānzhě, 編者 , editor, 120

biāomíng, 標明 , mark clearly; indicate, 49

biǎoqíng, 表情 , facial expression, 208

biǎoxiànzhǔyì, 表現主義 , expressionism, 1

biǎoyǎn, 表演 , play; perform, 16

biǎoyáng, 表揚 , praise, 148

biāozhǔn, 標準 , standard; criterion, 183, 202

bǐcǐ, 彼此 , each other, 37

bìjìng, 畢竟 , after all, 39

bìjīngjiēduàn, 必經階段 , way that one must
   undergo (take), 48

bǐng, 丙 , Ten Heavenly Stems, third stem, 248

bīnxiàng, 儐相 , attendant of the bride or
   bridegroom at a wedding, 184

bìngxíng búbèi, 並行不悖, run parallel; both can be implemented without conflict, 65
bìrán, 必然, inevitably; certainly, 136
bǐsài, 比賽, contest, 19
bìshǔ, 避暑, away for the summer, 167
bǐwǔ.de, 比武的, martial arts player, 18
bǐyù, 比喻, metaphor, 246
bìyùn, 避孕, prevent conception, 139
bōduó, 剝奪, deprive, 204
bōlán, 波瀾, billows, 80
bōli, 玻璃, glass, 202
bólì, 薄利, small profits, 272
bówùguǎn, 博物館, museum, 114
bówùyuàn, 博物院, museum, 280
bōxuē, 剝削, exploit, 186
bōzhǒng, 播種, sow seeds, 216
bù shí shíwù, 不識時務, show no understanding of the times; be insensible, 193
bù wéi rúcǐ, 不唯如此, not only; moreover, 275
bù xiāng shàngxià 不相上下 equally matched, 263
bùcéng, 不曾, never, 238
bǔchōng, 補充, replenish; add, 98, 208
búdòng shēngsè, 不動聲色, stay calm and collected; maintain one's composure, 50
bùfáng, 不妨, might as well; there is no harm in..., 64, 171, 203, 215
bùfú, 不服, remain unconvinced by, 3
búgù, 不顧, ignore, 80
bùhé shídài, 不合時代, out of keeping with the times, 64
bùjí, 不及, 206
bùjiā sīsuǒ, 不加思索, without thinking, 224
bújiàn.de, 不見得, not necessarily, 47
bùjǐn, 不僅, 151
bùkěkāijiāo, 不可開交, be awfully (busy), 85
bùkěmómiè, 不可磨滅, indelible, 238
Bùlākè, 布拉克, Prague, 8
bùlǐ, 不理, pay no attention ; ignore, 98
bùluò, 部落, tribe, 207
bùmáng, 不忙, no hurry, 52
búmiào, 不妙, not too encouraging, 166
bùqǔ, 不取, will not seek or adopt, 18
búshèngqífán, 不勝其煩, pestered unmercifully beyond endurance, 49
bùshī, 布施, alms giving, 99
búwài, 不外, not beyond the scope of, 50, 270
búxiàyú, 不下於, as good as; not inferior, 17
búxiàoyǒusānwúhòuwéidà, 不孝有三無後為大, the largest of the three major offences against filial piety of not having a son, 148
bùxíng, 步行, walk; go on foot, 193
búyàn qíxiáng, 不厭其詳 go into minute details, 52
búzhì, 不致, not in such a way as to; not likely to, 150
bùzú, 不足, not enough; lacking, 98

C

cáichǎn, 財産, property, 64

cáifù, 財富, wealth, 139
cǎinà, 採納, accept; adopt, 234
cǎiqǔ, 採取, adopt; take, 154
cǎiyòng, 採用, adopt; use, 263
cánbào, 殘暴, cruel and ferocious, 80
cáncún, 殘存, remain, 183
cāngcāng, 蒼蒼, vast and hazy, 276
cángēngshèngfàn, 殘羹剩飯, remains of a meal; leftovers, 186
cánhái, 殘骸, remains; wreckage, 257
cānkǎo, 參考, referential, 171
cánkuì, 慚愧, ashamed, 50
cánpí, 蠶皮, silkworm skin, 122
cǎodì, 草地, grassland; lawn, 276
cǎoyuán, 草原, grasslands; prairie, 259
cǎoyuándì, 草原地, grasslands; prairie, 137
cáozá, 嘈雜, noisy, 273
cēncī chóngdié, 參差重疊, uneven and overlapping, 248
céng, 層, AN for meaning, 22
céng, 層, layer, 230
céngjīng, 曾經, have V-ed in the past, 98
chá, 查, look up; consult, 168
chádiǎnpù, 茶點鋪, teahouse, 277
cháhuì, 茶會, tea party, 37
chāi, 拆, tear down, 270
chāichú, 拆除, demolish; remove, 270
chājù, 差踞, gap; disparity, 258
chān, 攙, support someone by the arm, 93
chán, 纏, bind, 99
chàndǒu, 顫抖, shaking; trembling, 86
chǎnfù, 産婦, woman who has just given birth, 134
cháng, 嘗, taste; become aware of, 172
Cháng'ān, 長安, capital of China in Han and Tang Dynasties, 166
chángdào, 嘗到, taste, 83
chángfāng, 長方, rectangular, 114
chánjiǎo, 纏腳, foot binding, 235
chángpáo, 長袍, long gown; robe, 91
chǎngqū, 産區, place of production, 262
chángshān, 長衫, gown, 91
chángtài, 常態, normal condition, 219, 249
chángxiàn, 長線, long-term (range), 251
chǎnliàng, 産量, output, 117
chántuì, 蟬蛻, cicada shell, 122
chǎnwù, 産物, outcome; result; product, 152, 183
chǎnyè, 産業, estate; property, 193
chāoguò, 超過, exceed; surpass, 134
chāoguò, 超過, surpass; exceed, 169
chāohū, 超乎, exceed; surpass, 234
cháo.liú, 潮流, trend, 121
chāorán, 超然, aloof; detached, 195
Cháoxiǎnzú, 朝鮮族, Korean nationality, 263
cháoxiào, 嘲笑, ridicule, 114
chārù, 插入, insert, 218
chāyāng, 插秧, transplant rice seedlings, 220
chàyì, 詫異, surprised; be astonished, 95
chèdǐ, 徹底, thoroughly, 155

chēliú, 車流, traffic flow, 279

Chén Héngzhé, 陳衡哲, (1890-1976) scholar and writer, 230

chéncí lànyǔ, 陳詞爛語, cliche, 118

chēng, 稱, call; name, 1

chéng...huān, 承...歡, please sb., 225

chéngbāo, 承包, contract, 122

chéngbǐlì, 成比例, in proportion, 21

Chéngdé, 承德, place near Beijing, 167

chéngfèn, 成份, ingredient, 122

chēnghào, 稱號, title, 182

chēnghū, 稱呼, call; address, 94

chéngjì, 承繼, inherit; carry on, 281

chéngjiā, 成家, marry, 62

chéngjīng, 成精, become a spirit, 119

chénglóu, 城樓, city gate tower, 277

chéngqīn, 成親, get married, 135

chéngqiáng, 城牆, city wall, 270

chéngqiánqǐhòu, 承前啓後, inherit the past and usher in the future, 150

chéngrèn, 承認, admit; agree; acknowledge; recognize, 7, 49, 169, 190, 203, 230, 247

chéngshú, 成熟, ripe; mature, 120, 245

chēngwáng chēngdì, 稱王稱帝, act like an overlord; domineer, 166

chéngyuán, 成員, member, 251

chēngzhīwéi, 稱之為, call it; regard it as, 1

chēngzhīyuē, 稱之曰, call it as; regard it as, 204

chénlièguǎn, 陳列館, exhibition hall, 277

chénlièshì, 陳列室, exhibit room; showroom, 167

chénsī, 沉思, ponder, 96

chēpí, 車皮, railway wagon or carriage, 282

chēqián.zi, 車前子, Asiatic plantain, 123

chēzhá, 車閘, brake, 202

chǐ, 尺, unit of length; ruler, 28

chīcù, 吃醋, jealous (of a rival in love), 66

chījīng, 吃驚, shocked; be amazed, 98

chítáng, 池塘, pond; pool, 94

chīxīn, 痴心, infatuation, 65

chī xiánfàn, 吃閑飯, lead an idle life, be a loafer, 184

chíxù, 持續, continue; sustain, 153

chíyí, 遲疑, hesitate, 94

chìzú, 赤足, bare foot, 92

chóngchóng bāowéi, 重重包圍, surround layer upon layer, 273

chōng.chūlái, 衝出來, dash out, 87

chōngdàn, 沖淡, dilute; weaken, 139

chóngdié, 重疊, overlap, 260

chōngfèn, 充分, fully; abundantly, 17, 220

chónggāo, 崇高, lofty; sublime, 110

chōngkuǎ, 衝垮, burst; shatter, 156

chónggòu, 重構, reconstruct, 218

chōngtián, 充填, fill, 113

chòu.chóng, 臭蟲, bedbug, 6

chóu.chú, 躊躇, hesitate, 94

chǒujù, 醜劇, disgusting farce, 81

chóumì, 稠密, dense, 138

chōuxiàng, 抽象, abstract, 20, 224

chōuzhuàngdīng, 抽壯丁, enlist strong males, 189

chù, 處, part; place, 17, 91

chuānchā, 穿插, alternately, 260

chuǎngjìn, 闖進, rush in; storm in, 101

chuāngshāng, 創傷, wound; trauma, 238

chuàngzào, 創造, create, 140

chuántǒng, 傳統, traditional, 8

chuānxīnlián, 穿心蓮, create, 122

chuànzào, 創造, create, 280

chuánzhēn, 傳真, facsimile, 209

chuánzōngjiēdài, 傳宗接代, hand down a family name from generation to generation, 150, 250

chǔcún, 儲存, store, 168

chúdì, 鋤地, hoe the field, 216

chūfā, 出發, set out; start off, 166

chúfēi, 除非, unless, 22, 48, 170

chǔfèn, 處分, punishment, 62

chuīxū, 吹噓, boast, 38

chūjià, 出嫁, get married, 152

chǔlǐ, 處理, handle; deal with, 270

chúncuì, 純粹, pure; unadulterated, 235

chúnjiǔ, 醇酒, pure mellow wine, 64

chuōchuān, 戳穿, expose; explode, 236

chúráo, 芻蕘, people who cut grass and gather firewood (people of low status), 192

chúráozhījiàn, 芻蕘之見, petty and low people's opinion, 192

chūshǐ, 出使, serve as an envoy abroad, 16

chútou, 鋤頭, hoe, 220

chūzhúyì, 出主意, offer advice; make suggestions, 173

cíbùdáyì, 詞不達意, words fail to convey the idea, 208

cīmiù, 疵繆, flaw; defect, 52

cíqì, 瓷器, porcelain; chinaware, 223

cìtòng, 刺痛, pricked with thorn, 81

cíxióng, 雌雄, female and male, 69

cìyǔ, 賜予, bestow, 83

cóng...chūfā, 從...出發, in a certain manner or according to a certain..., 264

cōngróng, 從容, calmly; leisurely, 224

cōngróng jiùyì, 從容就義, meet one's death unflinchingly (like a hero), 87

cóngzàng, 叢葬, overrun graveyard, 93

cóngzhōngyúlì, 從中漁利, profit from; cash in, 191

cū, 粗, brawny, 19

cū.cūcāo.cāo, 粗粗糙糙, coarse; rough, 113

cuī, 催, urge, 68

cuì, 啐, spit, 202

cuīcán, 摧殘, wreck; destroy, 237

cuīcù, 催促, urge; hasten, 97

cuīhuǐ, 摧毀, destroy; smash, 66

cùjìn, 促進, promote; accelerate, 156

cúnfèi, 存廢, preserve or demolish, 270

cūnluò, 村落, village, 221

cúnzài, 存在, exist, 116

cuòjué, 錯覺, false impression; misconception, 9

D

dǎ.bàn, 打扮, dress up, 80

dǎcǎo jīngshé, 打草驚蛇, literally: beat the grass and frighten away the snake; rattle one's sabre, 51

dàdǎn, 大膽, bold; daring, 281

dádào, 達到, achieve; reach, 278

dǎdǔn, 打盹, doze off, 86

dáfù, 答覆, answer; reply, 168

dǎguānsi, 打官司, go to court; engage in a lawsuit, 189

dàhàn, 大旱, dry spell; drought, 219

dàhǎo niánhuá, 大好年華, golden years, 173

dàijià érgū, 待價而沽, waiting for the highest bid, 50

dàikè, 代課, take over a class, 85

dàitì, 代替, replace; substitute for, 139

dàiyè, 待業, unemployed, 174

dāi.zhù, 呆住, scared stiff, 85

dàkěbúbì, 大可不必, need not; not have, 207

dǎluàn, 打亂, disrupt; upset, 136

dān, 單, only, 94

dàn, 但, merely, 209

dānchún, 單純, simple, 249

dāndì, 當地, local, 191

dāng, 當, should, 50

dǎngǎn, 膽敢, dare; have guts, 9

Dǎngbù, 黨部, KMT's Central Committee, 9

dāngchū, 當初, originally; in the first place, 237

dāngshìrén, 當事人, person concerned, 249

dàngzhēn, 當真, take seriously, 99

dǎn.liàng, 膽量, guts; courage, 49

dǎnpíng, 撢瓶, vase holding feather dusters, 119

dànrán chǔzhī, 淡然處之, treat with indifference, 51

dānrèn, 擔任, hold the post of, 86

dànshēng, 誕生, be born; emerge, 258, 280

dànshuǐ, 淡水, plain water, 62

dānwèi, 單位, unit (as a department, division, section, etc.), 141

dǎnxiǎo, 膽小, timid; cowardly, 86, 237

dǎn.zi, 撢子, feather duster, 119

dànzi, 擔子, load; burden, 173

dào, 道, say; speak, 10

dàocǎo, 稻草, rice straw, 86

Dàojiào, 道教, Taoism, 10

dàolù, 道路, road; way; path, 279

dǎoluàn, 搗亂, make trouble; create a disturbance, 195

dàomù, 盜墓, grave-robbing, 121

dàoxiè, 道謝, say thank you, 41

dàpī, 大批, large quantities of, 223

dǎpò, 打破, break, 22

dǎquán, 打拳, shadowboxing, 20

dàshǐ, 大使, ambassador, 167

dàtàbù, 大踏步, in big strides, 137

dǎ.tīng, 打聽, ask about, 51

dàtǐshàng, 大體上 on the whole, 219, 260

dàyuē, 大約, approximately; about, 95

dǎzá, 打雜, do odds and ends, 184

dǎzhàng, 打仗, fight; go to war, 135

dàzìrán, 大自然, nature, 274

dēng gāo yuǎntiào, 登高遠眺, ascend a height in order to enjoy a distant view, 276

dēng guǎnggào, 登廣告, advertise (in a newspaper), 68

děnghòu, 等候, wait, 278

děngshēn 等身 equal to the height of one's body, 92

děngyú, 等於, equal; amount to, 140

dì, 遞, hand over; pass, 95

diàn.pù, 店鋪, store; shop, 47

diànqìhuà, 電氣化, electrification, 140

diǎnrán, 點燃, light, 86

diǎntóu, 點頭, nod, 100

diào.chá, 調查, investigate, 48

diào.u, 掉頭, turn around, 53

diàoyú, 釣魚, fishing; go fishing, 50, 275

dǐchù, 抵觸, conflict; contradict, 272

dìdài, 地帶, region; zone, 274

dìdàochē, 地道車, subway, 273

dìdà-wùbó, 地大物博, vast territory and abundant resources, 170. 263

diéjī, 疊積, accumulative, 281

dié.zi, 碟子, small plate, 29

dìfāngxìng, 地方性, characteristics of a locality, 221

dìlǐ, 地理, geography, 261

dìng, 訂, order, 223

dīngxiāng, 丁香, lilac, 276

dìngyì, 定義, definition, 169

dìngyúyìzūn, 定於一尊, considered the most honorable (number one honorable), 186

dìpí, 地皮, land; ground, 271

dírén, 敵人, enemy, 78

dìtīng, 諦聽, listen...attentively; attune..., 112

dìwáng, 帝王, emperor; monarch, 186, 271

dǐxì, 底細, ins and outs; exact details, 223

dǐxiāo, 抵消, offset; cancel out, 154

dìyù, 地獄, hell, 84

dìyù, 地域, region, 222

dǐzhù, 抵住, withstand; keep out; resist, 39

dìzhǔ, 地主, landlord, 96, 192

dòngdàng, 動盪, turbulence; upheaval; unrest, 184

dòngnǎojīn, 動腦筋, use one's brain, 170

dòngtài, 動態, trend; development, 136

dòujī, 鬥雞, gamecock; cockfighting, 17

dòuzhēng, 鬥爭, fight; struggle, 17

dù, 妒, jealous; envious, 231

dù mìyuè, 度蜜月, go on a honeymoon, 68

duàn, 段, segment; a part; AN for part or segment, 84, 93

duàn, 斷, top; cut off, 172

duàndìng, 斷定, come to a conclusion, 87

duànzhuān, 斷磚, broken brick, 98

duànzǐjuésūn, 斷子絕孫, may you be the last of your line, 150

duī, 堆, pile up, 86
duìbǐ, 對比, contrast, 245
duìkǒu, 對口, geared to the needs of, 172
duìwài màoyì, 對外貿易, foreign trade, 141
dùjì, 妒忌, jealousy; envy, 62
dùjiā sīsuǒ, 不加思索, without thinking, 224
dúlái-dúwǎng, 獨來獨往, coming and going all alone; independent, 221
dūn, 噸, ton, 282
dùn, 頓, AN for certain actions, 9
dùnròu, 燉肉, stewed pork, 116
dùnshí, 頓時, immediately; at once, 82
dùnwù, 頓悟, sudden enlightenment, 112
duǒ, 躲, hide; avoid, 101, 233
duó jūnzǐzhīfù, 度君子之腹, gauge the heart of a gentleman, 29
duōyàng, 多樣, varied; manifold, 248
duōyú, 多餘, unnecessary, 207
duōzuǐ, 多嘴, speak out of place, 96
dúshé, 毒蛇, poisonous/venomous snake, 83
dúshēn, 獨身, unmarried; single, 238
dūshì, 都市, city, 270
dúyī-wúèr 獨一無二 unique; unmatched, 166, 277
dúzhàn, 獨佔, monopolize, 66
dúzhuǎ, 毒爪, poison claw (talon), 237

E

èquǎn, 餓犬, hungry dogs, 81
ér, 而, therefore, 7
ěrguāng 耳光 slap on the face; a box on the ear, 83
ěryúwǒzhà, 爾虞我詐, each trying to cheat or outwit the other, 48

F

fācái, 發財, make a fortune, 191
fāchū, 發出, give out; issue, 81
fājì, 發蹟, gain fame and fortune, 220
fǎlǐ, 法理, legal principle, 222
fāmíng, 發明, invent, 168
fān, 番, AN for verb, 52, 205
fān, 翻, turn over, 111
fàn.buzháo, 犯不著, not worthwhile, 63
fǎndòng, 反動, reactionary, 194
fāng, 方, only then, 237
fāng'àn, 方案, proposal; plan, 264
fǎngǎn, 反感, dislike, 247
fǎngfú, 仿佛, seem; look like, 82, 96
fànghuǒ, 放火, set on fire, 87
fàngmù, 放牧, herd; graze, 216
fàngqì, 放棄, give up; abandon, 232
fàngshào, 放哨, stand sentry; sentinel, 87
fàngsōng, 放鬆, give up; loosen; slacken, 39
fǎngù, 反顧, look back; turn back, 53
fǎnguòlái, 反過來, conversely; in turn, 150
fǎngxiàn, 紡線, spinning yarn, 118

fángyù, 防御, defend, 271
fǎngzhī, 紡織, spin, 112
fǎnjié, 反詰, ask in retort; a backlash, 116
fǎnkàng, 反抗, revolt; resist, 237
fǎnkuì, 反饋, feedback, 248
fànlàn, 泛濫, overflow, 279
fǎnmù, 反目, have a falling out, 65, 231
fánróng, 繁榮, flourish; boom, 169
fán.shì, 凡(是), all; every, 65
fànwéi, 范圍, scope, 153
fànwéi, 範圍, scope; limits; range, 216
Fànyàzhōuzhǔyì, 泛亞洲主義, Pan-Asianism, 8
fǎnyìng, 反映, reflect; mirror, 153, 173
fǎnyìng, 反應, respond; react, 204
fànyùn, 販運, transport goods for sale, 190
fǎn.zhèng, 反正, anyway; in any case, 48
fǎnzhī, 反之, conversely; on the contrary, 192
fánzhí, 繁殖, breed; reproduce, 219
fàngzhōu, 放舟, paddle a boat, 275
fǎwài, 法外, extrajudicial, 186
fáwèi, 乏味, boring; dull, 10
fēi, 非, not; no, 65, 183
féi, 肥, fat; fleshy; plump; rich, 10, 184
fèi, 吠, bark, 203
Fèi Xiàotōng, 費孝通, 148
fèifǔ, 肺腑, bottom of one's heart, 80
fèiliào, 廢料, waste material, 282
fèiténg, 沸騰, boil, 81
fēiyánzǒubì, 飛簷走壁, leap onto roofs and vault over walls, 22
fén, 墳, grave; tomb, 95
fēnbù, 分佈, distributed, 259
fèndòu, 奮鬥, struggle; fight, 237, 250
féng, 縫, sew, 112
féngbǔ, 縫補, patch; mend, 116
fènghuán, 奉還, pay back, 40
fēngjiàn, 封建, feudal, 183
fēngkuáng, 瘋狂, insane; frenzied, 237
fēnglù, 風露, wind and dew, 112
fēngrén, 封人, feudal lord, 149
fēngshàng, 風尚, prevailing custom/ habit, 40
fēngsú, 風俗, custom; convention, 29
fènhèn, 憤恨, indignation; anger, 83
fēnjià, 分嫁, assign and transfer one's duties, 191
fénmù, 墳墓, grave; tomb, 62
fènnù, 憤怒, indignation; anger; wrath, 194
fènrán, 奮然, vigorously; courageously; resolutely, 101
fēnsàn, 分散, disperse, 260
fēntān, 分攤, share, 140
fēnxī, 分析, analyze, 156, 185, 248
fēnxiǎng, 分享, share, 186
Fójiào, 佛教, Buddhism, 10
fǒuzé, 否則, otherwise, 49, 136, 209
fú, 扶, support someone with one's hand, 93
fú, 服, take (medication), 123
fù, 副, AN for a set of things or for facial expression, 53, 187

fù, 負 , responsible for; be in charge of; carry; shoulder, 219, 275

fū ēn qī ài, 夫恩妻愛 , couple deeply in love with each other, 231

fǔbài, 腐敗 , rotten; corrupt, 234

fúbīngyì, 服(兵)役 , enlist in the army, 189

fùchóu, 復仇 , revenge, 83

fùguì, 富貴 , wealth, 110

fúhé, 符合 , accord with; conform to, 247

fùhè, 附和 , chime in with; echo, 10

fūjiā, 夫家 , husband's family, 151

fúlì, 福利 , well-being; welfare, 156

fùmǔ zhī mìng, 父母之命 , parents' order, 230

fǔnòng, 撫弄 , fondle, 118

fùqì, 負氣 , do something in a fit of pique; be angry out of spite, 53

fùshè, 附設 , attached , 21

fǔshì, 俯視 , look down at, 276

fúshū, 服輸 , admit defeat, 169

fùxìshèhuì, 父系社會 , patriarchal society, 150

fǔyǎng, 撫養 , bring up, 152

fǔyù, 撫育 , foster; nurture, 220, 246

fùyú, 富於 , imbued with, 65, 221

fùzhě fúyě, 婦者服也 , literally: wife means obedient, 69

fǔzhù, 輔助 , supplementary, 208

fùzhuó, 附著 , adhere to; stick to, 148, 218

G

gāi, 該, 11

gǎijià, 改嫁 , remarry (said of a woman), 68

gǎiliáng zhǔyì, 改良主義 , reformism, 194

gàn.bù, 幹部 , leading cadres, 116

gāncuì, 乾脆 , straightforward; simply, 41

gāncuì shuō.ba, 乾脆說吧 , speak in a straightforward (clear-cut) way, 111

gǎndào, 感到 , feel; sense, 98

gàndào, 幹道 , major road, 279

gānfú, 甘服 , convinced, 204

gāngcái, 鋼材 , steel; steel products, 138

gānglǐng, 綱領 , guiding principle, 150

gānguā kǔdì, 甘瓜苦蒂 , sweet melon has a bitter base, 51

gǎnjī, 感激 , grateful; thank, 95

gǎn.qíng, 感情 , affection, 65

gǎnqíng, 感情 , emotion; feeling; love, 247

gānxīn, 甘心 , to do sth. willingly , 170

gǎo, 搞 , do; carry on; be engaged in, 136

gàobié, 告別 , say good-bye, 100

gāocháo, 高潮 , upsurge; high tide, 155

gāoděng, 高等 , high-class; high-bred, 6

gāoděng, 高等 , advanced; supercilious, 64

gāo'é, 高額 , high priced, 153

gāofēng, 高峰 , summit; height; peak, 66

gāohán, 高寒 , high and cold, 262

gāoshēng, 高昇 , promoted; rise , 193

gāoshèpào, 高射炮 , anti-aircraft gun, 278

gǎo wèishēng, 搞衛生 , clean up, 173

gāoyuán, 高原 , plateau, 259

gāozhīr, 高枝兒 , high-ranking; high level, 185

gēbì, 胳臂 , arm, 19

gē.da, 疙瘩 , knots, 113

géduàn, 隔斷 , cut off, 166

gélí, 隔離 , keep apart; divide, 274

gélíwù, 隔離物 , partition, 275

Gēlúnbǐyàdàxué, 哥倫比亞大學 , Columbia University, 8

gēnběn, 根本 , basic; fundamental, 154

gēngdì, 耕地 , plough, 138

gēngxīn, 更新 , renovate, 115

génmó, 隔膜 , lack of mutual understanding, 220

gēnyuán, 根源 , source; origin; root, 259

gèdéqísuǒ, 各得其所 , each is properly provided for, 29

gègè, 各各 , each one himself/herself , 1

gèshìgèyàng, 各式各樣 , all kinds of, 94

géyán, 格言 , motto; aphorism; maxim, 69

gēyǒngtuán, 歌詠團 , singing group; chorus, 19

gē.zi, 鴿子 , pigeon; dove, 78

gèzì, 各自 , each one himself/herself, 37

gòng yìpáncài, 共一盤菜 , share one dish, 28

gōngdí, 公敵 , public enemy, 85

gōngdiàn, 宮殿 , palace, 280

gōngfu, 功夫 , time, 192

gōnggěi, 供給 , provide, 10

gǒnggù, 鞏固 consolidate; strengthen, 153, 194

gōngjījīn, 公積金 , accumulation fund, 140

gōngkē, 工科 , engineering course, 171

gōnglù, 公路 , highway; road, 271

gōngmén, 公門 , local authorities, 189

gōngshì, 公式 , formula, 247

gōngshì, 工事 , fortifications; defense, 271

gōngtíng, 宮廷 , palace; royal or imperial court, 167

gòngtóngtǐ, 共同體 , community, 251, 257

gōngwei, 恭維 , flatter; compliment, 204

gōngxiàn, 攻陷 , capture, 78

gòngxiàn, 貢獻 , contribute, 234

gōngxiào, 功效 , effect, 21

gōngxūn, 功勛 , meritorious service; feats, 21

gōngyǎng, 供養 , to support parents or grandparents, 152

gōngyòng, 功用 , function; use, 271

gōngyìjīn, 公益金 , public welfare fund, 140

gòuchéng, 構成 component, constitute, 250, 263

gòudàng, 勾當 , business or deal, 188

gǔ, 股 , AN for a smell, 114

gù, 雇 , hire, 17

guā, 刮 , plunder; extort, 194

guài, 怪 , blame, 96

guànchè, 貫徹 , carry out thoroughly, 251

Guāndìmiào, 關帝廟 , Guan Di Temple, 3

guǎngbō, 廣播 , broadcast, 209

guǎngdà, 廣大 , vast; wide, 148

guāngdǎléi búxiàyǔ, 光打雷不下雨 , thunder but no rain - much noise but no action; more said than done, 19 guǎngfàn, 廣泛, wide-ranging; extensive, 172

guǎnggào, 廣告, advertisement, 21

guāngróng, 光榮, honor; glory, 217

guāngyīn sìjiàn, 光陰似箭, the days pass like arrows, 118

guānkǎ, 關卡, outpost of the tax office, 190

guānkǒu, 關口, strategic pass; juncture, 112

guǎnkuò, 廣闊, vast; wide; broad, 261

guānlì, 官吏, government officials, 188

guānlián, 關聯, interrelation; interdependence; being related, 19, 224

guānliáo, 官僚, bureaucrat, 182

guānliáo zīběn, 官僚資本, bureaucrat capital, 192

guànmù, 灌木, bush, 276

guānpǐn, 官品, offical title, 189

guānwèi, 官位, government post; official position, 182

guǎnxiá, 管轄, control, 61

gǔdiǎnzhǔyì, 古典主義, classicism, 2

gùdìng, 固定, fixed; regular, 219

gǔgé, 骨骼, skeleton, 21

guīfàn, 規範, standard; norm, 148

guīhié, 歸結, sum up, 225

guī.jǔ, 規矩, rule; established practice; (Adj.) well-behaved, 20

guīlǜ, 規律, law; pattern, 173

guīnà, 歸納, sum up; conclude, 50

guīsù, 歸宿, home to return to, 235

guīzhēn fǎnpǔ, 歸真反樸, returning to original purity and simplicity, 41

guìzú, 貴族, aristocrat, 184

gūjì, 估計, estimate, 134

gùjì, 顧忌, scruple, 205

gūjià, 估價, appraisal; appraised price, 31

gūlì, 孤立, isolated, 220

gǔlì, 鼓勵, encourage, 154

gūliàng, 估量, appraise; estimate, 233

guǒ, 裹, wrap; bind; bandage, 98, 217

guóbǎo, 國寶, national treasure, 281

guòchéng, 過程, course; process, 153, 170, 209

guócuì, 國粹, national quintessence, 8, 115

guófáng, 國防, national defense, 169, 278

Guójìzhǔyì, 國際主義, Internationalism, 10

guòkè, 過客, passer-by; passing traveller, 91

guómín jīngjì, 國民經濟, national economy, 169

guòrén, 過人, surpassing others, 22

guòshèng, 過剩, excess; surplus, 219

guǒshí, 果實, fruit; gains, 283

guóshǔ, 國屬, nationality, 10

guòyǐn, 過癮, enjoy oneself the maximum; satisfy a craving, 48

guòyú, 過於, too; excessively, 249

gùquán, 顧全, save (face), 39

gùrán, 固然, no doubt; it is true, 191, 275

gǔrén, 古人, ancients, 64

gùxiāng, 故鄉, hometown, 116

H

hàirén bùqiǎn, 害人不淺, bringing great harm to people, 40

hán, 含, imply; contain, 20

hán.chen, 寒傖, shabby; ridiculed, 50

hànjiān, 漢奸, traitor (China), 78

hánshǔbiǎo, 寒暑表, thermometer, 236

hànshuǐ, 汗水, sweat, 114

hányì, 涵義, meaning; implication, 1

hǎnyè, 產業, estate; property, 221

hányǒu, 含有, contain, 236

Hànzú, 漢族, Han nationality, 258

hǎobǐ, 好比, 22

hàojié, 浩劫, great calamity, 171

hǎoqīwǔ, 好欺侮, easy bully, 47

hǎoyì, 好意, kindness; good intention, 95

hé, 闔, close; shut, 101

hébāo, 荷包, pocket, 38

hébìng, 合并, merge, 140

héchéng, 合成, synthesized, 138

héděng, 何等, 113

hēi'àn, 黑暗, dark, 84

hēichénchén, 黑沉沉, dark mass of, 85

hēifānggé, 黑方格, black squares, 91

hékǔláizāi, 何苦來哉, Is it worth the trouble? Why bother?, 18

hélǐ, 合理, rational; reasonable, 230

hélǐhuà, 合理化, rationalize, 274

hèn.bu.de, 恨不得, one would if one could, 83

hénjī, 痕跡, track; trace, 93

hěnxīn, 狠心, heartless, 53

hěnxīn, 狠心, cruel hearted; heartless, 194

hépíng, 和平, peace, 155

hé.qì, 和氣, keeping on good terms; polite, 48

héshang, 和尚, Buddhist monk, 135

héxīn, 核心, core; kernel, 245

héyú, 合於, conform; meet..., 28

hézài, 何在, 247

hézuò, 合作, cooperative, 28

hézuòhuà, 合作化, organizing cooperatives, 135

Hèzhézú, 赫哲族, Hezhe nationality, 258

hóng bái dàshì 紅白大事 weddings and funerals, 184

hōnggān, 烘乾, dry, 174

hónghuā, 紅花, safflower, 122

hóngshuǐ, 洪水, flood, 279

hóngwèibīng, 紅衛兵, Red Guards, 172

hòu.hòubáo.báo, 厚厚薄薄, thin and thick; uneven, 113

hòuguǒ, 後果, consequence, 172

hòujìwú(yǒu)rén, 後繼無(有)人, lack (no lack) of successors, 150

hòujìzhě, 後繼者, successor, 150

hòutuì, 後退, move back; step back, 100

hòuzhě, 後者, the latter, 222

hù bǔ chángduǎn, 互補長短, each supplies what the other needs, 263

huàbié, 話別, say goodbye, 68

huāchí, 花池 , flower bed, 276
huāfèi, 花費 , cost, 152
huàféi, 化肥 , chemical fertilizer, 117
huàfēn, 劃分 , divide, 274
huáfēngsānzhù, 華封三祝 , three blessings of the feudal lord of Huashan, 149
huái.lǐ, 懷里 , in one's arms, 81
huáji, 滑稽 , funny; amusing, 233
huājiǎ, 花甲 , cycle of sixty years, 111
huàn, 患 , suffer from (an illness), 109
huánchéng, 環城 , around the city, 275
huāng, 慌(了手腳) , panic, 202
huāngdì, 荒地 , wasteland; uncultivated land, 137
huàng.dòng, 晃動 , sway, 82
huánggōng, 皇宮 , imperial palace, 277
huánghūn, 黃昏 , dusk, 91, 276
huāngjí, 荒瘠 , waste and barren, 261
huánglián, 黃連 , bitter herbs, 39
huāngliáng, 荒涼 , bleak and desolate; wild, 92
huángqí, 黃耆 , root of milk vetch, 122
huángzú, 皇族 , people of imperial lineage; imperial kinsmen, 16
huánjié, 環節 , link, 250
huánjìng, 環境 , environment; conditions, 8
huǎnmàn, 緩慢 , slowly, 6
huánrào, 環繞 , surround; encircle, 281
huāntiān xǐdì, 歡天喜地 , overjoyed, 51
huànxiǎng, 幻想 , illusion; fantasy, 9
huànyǎng, 豢養 , feed; keep, 184
huánxí, 還席 , reciprocate an invitation a banquet; give a banquet in return, 40
huáqiáo, 華僑 , overseas Chinese, 174
huárén, 華人 , Chinese person, 6
Huàshān, 華山 Mount Hua in Shaanxi Province, 149
huàxué féiliào, 化學肥料 , chemical fertilizer, 140
huàyā, 畫押 , sign, 223
hùchénghé, 護城河 , city moat, 275
huédù, 絕對 , absolutely, 233
hùhuì, 互惠 , make mutual benefit, 251
huì, 匯 , mail; send, 121
huìchāo, 會鈔 , pay a bill, 37
huīfù, 恢復 , recover; regain, 95
huígù, 回顧 , look back, 115
huìjí, 匯集 , come together; converge, 279
huíjìng, 回敬 , do or give sth in return, 195
huīju, 規矩 , rule, 223
huǐmiè, 毀滅 , destroy, 193
húisù, 回溯 , recall; look back upon, 156
huǐxìng shāngqíng, 毀性傷情 , destroy one's character and hurt one's feelings, 234
huíyì, 回憶 , recall; reminisce, 118
huízhuǎn, 回轉 , turn back, 96
Huízú, 回族 , Hui nationality, 263
hǔkǒu, 虎口 , tiger's mouth -- jaws of death, 83
húndàn, 渾蛋 , bastard; wretch, 172
hùnluàn róuzá, 混亂糅雜 , confusing and entangled, 236
hūnmí, 昏迷 , in a coma, 82
hùnníngtǔ, 混凝土 , concrete, 282

hūnyīnfǎ, 婚姻法 , marriage law, 247
hùnzá, 混雜 , mix; mingle, 273
huò, 或 , certain (time, person or place), 91
huò, 貨 , give service to; sell, 185
huò, 貨 , goods, 223
huòdé, 獲得 , obtain, 120
huògēn, 禍根 , bane; the root of the trouble, 62
huǒ.jì, 伙計 , shop assistant; salesman, 51
huòqǔ, 獲取 , obtain; gain, 263
huòránlù, 或然律 , probability, 231
huò.sè, 貨色 , goods, 51
huòwù, 貨物 , goods, 190
huǒyàn, 火焰 , flame, 86
huòzhēn jiàshí, 貨真價實 , high quality at a fair price, 47
hǔpò, 琥珀 , amber, 122
hūrán, 忽然 , all of a sudden, 80
hùtōngyǒuwú, 互通有無 , each supplies what the other needs, 167

J

jí, 極 , extremely, 63
jì, 妓 , prostitute, 64
jì, 劑 , dose, 123
jiǎ, 甲 , Ten Heavenly Stems, first stem, 248
jià, 嫁 , marry (a man), 64
jiābīn, 嘉賓 , honoured guests, 16
jiācái, 家財 , family property, 64
jiācài, 加菜 , add another dish, 205
jiāchén, 家臣 , subjects of family, 183
jiācuì, 家粹 , family essence, 114
jiǎdìng, 假定 , presume; suppose, 6
jiàgé, 價格 , price, 49
jiāgōngchǎng, 加工廠 , processing plant, 122
jiājuàn, 家眷 , wife and children; one's family, 138
Jiālìfúníyà, 加利福尼亞 , California, 8
jiān, 兼 , and, 9
jiàn shù bú jiàn lín, 見樹不見林 , not see the forest for the trees, 272
jiānbìngtǔdì, 兼併土地 , annex territory (property), 186
jiǎnchá, 檢查 , diagnostic; testing, 111
jiǎnchēng, 簡稱 , called sth. for short, 248
jiānchí, 堅持 , insist, 39
jiǎndānhuà, 簡單化 , oversimplify, 249
jiāndìng, 堅定 , steady, 119
jiǎng, 獎 , prize; reward, 139
jiàngdī, 降低 , reduce; drop; lower, 155
jiānghúmàiyìzhě, 江湖賣藝者 , itinerant entertainer, 18
jiǎngjià, 講價 , bargain, 47
jiǎng.jiū, 講究 , stress; (Adj.) particular about, 28, 47, 79, 208
Jiāngzhè, 江浙 , Jiangsu and Zhejiang provinces, 30, 138
jiǎnjià, 減價 , reduce the price; put on sale, 47
jiànjiàn, 漸漸 , gradually; little by little, 273

jiànjiē, 間接, indirectly, 208
jiànjiě, 見解, understanding; opinion, 31
jiānkǔ, 艱苦, difficult; hard; tough, 170
jiānrú tiěshí 堅如鐵石 obstinate as an iron rock, 50
jiànshǎng, 鑒賞, appreciate, 52
jiǎnshǎo, 減少, reduce, 208
jiānshí, 堅實, solid; substantial, 282
jiàntán, 健談, eloquent, 123
jiànwài, 見外, regard sb. as an outsider, 223
jiānyín, 奸淫, rape, 84
jiānyìng, 堅硬, hard; solid, 282
jiànzhuàng, 健壯, strong and healthy, 22
jiànzhùyè, 建築業, construction industry, 141
jiáo, 嚼, chew, 28
jiāo'ào, 驕傲, proud; conceited, 47, 167, 205
jiāocuò, 交錯, interlock; crisscross, 260
jiǎodù, 角度, angle; perspective, 209
jiǎohuái, 腳踝, ankle, 99
jiāohuàn, 交換, 195
jiào.huàn, 叫喚, call, 97
jiāojì, 交際, socialize; communicate, 40
jiāojì, 交際 social intercourse; communication, 263
jiàoliànyuán, 教練員, coach, 20
jiǎolóu, 角樓, corner tower, 277
jiǎoluò, 角落, corner, 190
jiǎonà tiánzū, 繳納田租, pay feudal land tax, 189
jiāoshuǐ, 澆水, water, 117
jiāowài, 郊外, outskirts, 278
jiǎoxìng, 僥倖, by luck, 231
jiàoxùn, 教訓, lesson; moral, 264
jiāoyě, 郊野, suburbs, 273
jiāo.yì, 交易, deal, 48
jiāoyóu, 郊遊, go on an outing, 203
jiāozhī, 交織, interweave, 261
jiāpǔ, 家譜, genealogy, 218
jiǎrú, 假如, if; supposing; in case, 230
jiǎshè, 假設, assume; presume, 53
jiǎshǐ, 假使, if; in case, 166, 278
jiāsù, 加速, speed up; accelerate, 155, 265
jiǎnyuē, 儉約, frugal, 41
jiǎzhuāng, 假裝, pretend, 51, 85
jiāzhòng, 加重, make heavier; increase the weight of, 139
jīcéng, 基層, basic (primary) level, 153, 215
jìchéng, 繼承, inherit; carry on, 184, 221
jìchéng guānwèi, 繼承官位, inherit an official position, 189
jīchǔ, 基礎, basis, 264
jìdélìyì, 既得利益, vested interests, 188
jīdì, 基地, base, 262
jǐdù, 幾度, 115
jíduān, 極端, extremely, 38
jiē, 皆, all, 29, 92
jiē.ba, 結巴, stuttering, 109
jiébái, 潔白, spotlessly white, pure white, 6
jiēbānrén, 接班人, successor, 173
jiěcháo, 解嘲, rationalize; explain things away when ridiculed, 54

jiēchù, 接觸, get in touch with; come into contact with, 171, 206, 215
jiěchú, 解除, remove; relieve, 274
jiēduàn, 階段, period of time, 61
jiē.fáng, 街坊, neighbors, 67
jiējiàn, 接見, receive sb.; grant an interview, 167
jiējìn, 接近, close; approach, 245, 277
jiēlì, 接力, relay, 248
jiélì, 竭力, do one's utmost; exert all one's strength, 99
jiélùn, 結論, conclusion, 271
jiēqǔ, 接取, receive; take, 98
jiè.shào, 介紹, introduce, 1
jiēshēng 接生 deliver a child; practice midwifery, 135
jiéshéngjìshì, 結繩記事, keep records by tying knots, 207
jiē.shí, 結實, sturdy, 113
jiètí, 借題, use as an excuse to, 151
jièyǐwéishēng, 藉以為生, rely (or depend) on sth. live, 137
jiē.zhe, 接著, carry on; continuously, 95
jiézòu, 節奏, rhythm, 28
jiézuò, 傑作, outstanding work; masterpiece, 280
jǐfēn, 幾分, somewhat; a little, 50
jīgòu, 機構, offices, 111
jīguān, 機關, office, 258
jíguàn, 籍貫, one's native place, 31
jìhao, 記號, mark; sign, 207
jíhuì, 集會, gathering; rally, 6
jījí, 積極, active, 29
jījí, 積極, positive, 154
jíjiāng, 即將, about, 270
jíkè, 即刻, at once, 101
jīlěi, 積累, accumulate, 134, 258
jìlù, 紀錄, record, 22, 278
jìn, 盡, finished; empty, 95
jìn, 盡, do (fulfill) one's, 271
jìndì, 禁地, forbidden (restricted) zone, 277
jìng, 竟, surprisingly, 80
jìng, 境, boundary; territory, 257
jīng'è, 驚愕, stunned; be stupefied, 7
jǐnggào, 警告, warning, 9
jīnghuá, 精華, essence, 238
jìngjiǔ, 敬酒, toast, 85
jīngjì zuòwù, 經濟作物, industrial crop, 262
jīngjù, 驚懼, frightened; alarmed and panicky, 100
jīngqǐ, 驚起, suddenly stand up, 96
jìngqū, 禁區, forbidden zone, 258
Jǐngshān, 景山, park in Beijing, 282
jīngshén wénmíng, 精神文明, civilization that emphasizes spiritual pursuits, 7
jīngǔ, 筋骨, bones and muscles, 278
jīngxǐng, 驚醒, wake up with a start, 100
jīngyíng, 晶瑩, crystal-clear, 85
jīngyíng, 經營, manage (a business), 170
jìngyù, 境遇, one's circumstances; one's lot, 100
jìngzēng, 淨增, increase, 155
jìngzēngjiālǜ, 淨增加率, net increment, 134
jìniàn, 紀念, commemorate, 280

jǐnjí, 緊急 , urgent, 17

jìnliàng, 盡量 , as much as possible, 52, 79, 208

jǐnpò, 緊迫 , pressing; urgent, 170

jīnròu, 筋肉 , muscles, 21

jìnshiǎn, 近視眼 , nearsighted person , 2

jìnxiān, 盡先 , rush or compete , 1

jìnyíbù, 進一步 , go a step further; further, 248

jìnyú, 近於 , border on, 29

jiǒngjí, 窘極 , extremely embarrassed, 7

jīqì, 機器 , machine, 169

jíshǐ, 即使 , even; even though, 100, 232

jíshì, 即是 , that is, 21

jìshù, 技術 , technology, 140

jīsù, 激速 , violent and rapid (change), 154

jīsù, 激速 , a violent speed, 225

jítǐ, 集體 , collective, 139, 281

jítuán, 集團 , group; clique; circle, 193, 220

jìtuō, 寄托 , have... sated, 65

jìtuō, 寄托 place hope on; find sustenance in, 139

jiū, 揪 , seize; hold tight, 68

jiǔ, 久 , long period of time, 95

jiù, 就 , reach ; go , 98

jiù, 救 , save; rescue, 207

jiùbié, 久別 , 207

jiùdì huánqián, 就地還錢 , making a counter-offer on the spot, 48

jiǔ ér jiǔ zhī, 久而久之 , over the course of time; as time passes, 136

jiūjìng, 究竟 outcome; what actually happened, 111

jiūjìng, 究竟 , (in questions) actually; exactly, 165

jiùshì, 舊式 , old style, 231

jiǔxí, 酒席 , feast; banquet, 28

jiǔxíyú, 久習於 , accustomed ; be used to , 207

jiù yībō, 舊衣缽 , Buddhist monk's old mantle and alms bowl which he hands down to his favorite disciple; legacy, 184

jiǔyuǎn, 久遠 , permanent; forever, 272

Jiùyuē, 舊約 , Old Testament, 61

jiùzāi, 救災 , provide disaster relief, 190

jiùzhěn, 就診 , seek medical advice, 111

jīxiè, 機械 , mechanical; inflexible, 222

jīxièhuà, 機械化 , mechanized, 136, 170

jīyè, 基業 , fundamental business (property), 188

jìzǎi, 記載 , record, 151

jízhōng, 集中 , centralize, 215

juànliàn, 眷戀 , attached sentimentally (to a person or place), 247

juānxiàn, 捐獻 , contribute; donate, 191

jǔbàn, 舉辦 , conduct; hold, 189

juédǐng, 絕頂 , extremely, 84

juéduì, 絕對 , absolute, 221

juéjiàng, 倔強 , stubborn; unbending, 92

juéwù, 覺悟 , understand; become awakened, 173

juēzuǐ, 撅嘴 , pout, 66

jùhūn, 拒婚 , resist (refuse) getting married, 237

jùjū, 聚居 inhabit a region (as an ethnic group), 259

jùjué, 拒絕 , decline; refuse, 40, 114

jǔlì, 舉例 , give an example, 149

jùlí, 距離 , distance, 119

júmiàn, 局面 , phase; situation, 155, 168

jūmín, 居民 , resident; inhabitant, 156

jūnchén, 君臣 , feudal ruler and his officials, 61

jūnhéng, 均衡 , balance; balanced, 251

jūnshì, 均勢 , balance of power, 70

jǔqǐ, 舉起 , lift; raise, 98

jǔshì wúpǐ, 舉世無匹 , unique, 281

jùshuō, 據說 , it is said that, 65

jūshù, 拘束 , restrain; feel uneasy, 207

jùtǐ, 具體 , concrete; specific, 150, 174, 222, 264

jùwàn, 巨萬 , huge sum of money; 64

jǔxíng, 舉行 , hold or host (meeting, gathering), 6

jùyǒu, 具有 , possess; have, 182, 257

jūzhù, 居住 , live; reside, 249

K

kǎchē, 卡車 , truck, 137

kāidòng, 開動 , start, 174

kāifā, 開發 , exploit, 121

kāigōu, 開溝 , make ditch, 224

kāihuāng, 開荒 , open up wasteland, 138

kāikěn, 開墾 , open up wasteland, 137

kāimíng, 開明 , open minded; enlightened, 170

kǎndiànxiàngān, 砍電線杆 severing wire pole, 121

kāngkǎi, 慷慨 , generous, 37

kàngzhàn, 抗戰 , War of Resistance against Japan (1937-45), 84, 165, 219

kànhǎo, 看好 , upswing; be expected become favorable, 122

kānjiā, 看家 , look after the house, 63

kānwù, 刊物 , magazine, 121

kànxì, 看戲 , go to the theatre, 38

kànzhǔn, 看準 , make sure, 50

kǎogǔ, 考古 , engage in archaeological studies, 257

kǎolù, 考慮 , think over; consider, 215

kǎoyàn, 考驗 , test; trial, 195

kǎozhūròu, 烤豬肉 , roast pork, 234

kē, 顆 , AN for things that are round and small, 2, 22

kē, 科 , branch of academic study, 80

kě, 渴 , thirsty, 94

kè, 刻 , engrave on, 80

kěchǐ, 可恥 , shameful, 8, 230

kèguān, 客官 , polite term for traveller (archaic), 94

kèguān, 客觀 , objective, 155, 202

kěguì, 可貴 , valuable; commendable, 171, 272

kěhèn, 可恨 , hateful; it's a pity that, 97

kējuān záshuì, 苛捐雜稅 , exorbitant taxes and levies, 192

kěndìng, 肯定 , recognition, 148

kètí, 課題 , task; problem, 168

ké.zi, 殼子 , husk, 118

Kǒngzǐ, 孔子 , Confucius, 193

kòngbái, 空白 , blank, 248

kǒngbù, 恐怖 , terror, 85

kǒngbù, 恐怖 , horrible, 194

kōngcháo, 空巢 , empty nest, 246

kōngdòng, 空洞, empty; groundless, 3
kǒnghè, 恐嚇, threaten; intimidate, 237
kōngjiān, 空間, space, 207
kǒngjù, 恐懼, fear; dread, 238
kōngqián, 空前, unprecedented, 155
kǒuchī, 口吃, stutter, 109
kǒu.dài, 口袋, bag; sack, 92
kǒudài, 口袋, pocket, 165
kǒujué, 口角, bicker; wrangle, 19
kòuqiú, 寇酋, invader chieftain, 80
kǒuruò xuánhé, 口若懸河, flowing eloquence, 109
kòu.shàng, 扣上, latch (the door), 86
kǒushuō wúpíng, 口說無憑, oral statement is not
    binding, 223
kū, 枯, withered; dried up; dead, 93
kuādà, 誇大, exaggerate, 250
kuājiǎng, 誇獎, praise, 204
kuāndù, 寬度, width; breadth, 275
kuàng, 眶, eye socket; area around the eyes, 97
kuàngcáng, 礦藏, mineral resources, 261
kuàngqiě, 況且, in addition; moreover, 94
kuàngwài.de yǎnlèi, 眶外的眼淚,
    hypocritical tears, 97
kuānróng, 寬容, tolerant; lenient, 187
kuī, 虧, deficiency, 40
kǔmèn, 苦悶, distress; trouble, 235
kǔnǎo, 苦惱, vexation; worries, 112
kùndùn, 困頓, tired out; exhausted, 92
kùnkǔ, 困苦, hardships, 193
kuòdà, 擴大, enlarge; expand, 136, 153
kuòjí, 擴及, expanded, 260
kuòzhāng, 擴張, expand; spread, 154, 260
kūqì, 哭泣, cry, 82
kǔxīn, 苦心, with good intentions, 282
kùyāodài, 褲腰帶, girdle; drawstring, 121
kūzào, 枯燥, dull and dry; uninteresting, 273

L

Lādīnghuà, 拉丁化, latinize; romanize, 263
lái.bùjí, 來不及, it's too late to (do something), 78
láilù, 來路, incoming road; origin, 96
láiyuán, 來源, source; origin, 170, 257
lājī, 垃圾, trash; garbage, 28
lālāduì, 啦啦隊, cheerleaders; cheering squad, 19
làn, 濫, indiscriminately, 40
lǎnbì, 攬臂, arm in arm, 68
làngfèi, 浪費, waste, 28, 139
làngmànzhǔyì, 浪漫主義, romanticism, 2
lányāo yìkǎn, 攔腰一砍, cut the price in half;
    reduce 50%, 53
lào, 烙, burn; brand, 66
làobǐng, 烙餅, wheatcake, 116
láodòng rénmín, 勞動人民, working people, 280
láodòng shēngchǎnlǜ, 勞動生產率, labor
    productivity; productivity, 140
láodònglì, 勞動力, labor force, 152, 153
láodùn, 勞頓, fatigued; weary, 96

láogù, 牢固, firmly, 156
láolóng, 牢籠, trap; snare; cage, 97
lǎo.pó, 老婆, wife, 67, 81
lǎowēng, 老翁, old man, 91
láo-yàn fēn fēi, 勞燕分飛, like birds flying in
    different directions; go separate ways, 246
lǎozhàng, 老丈, a respectful term of addressing an
    old man (archaic), 94
lěi, 累, burden, 173
lěijī, 累積, accumulate, 155
lèisì, 類似, similar, 174, 221
lèixíng, 類型, type, 257
lèiyú, 類於, similar; analogous, 223
léng, 稜, ridges, 113
lěngjīnjīn, 冷津津, clammy, 18
lǐ, 禮, gift, 117
Lǐ Fùqīng, 李富卿, 87
Lǐ Hǎiquán, 李海泉, 79
Lǐ Hóngzhāng, 李鴻章, 16
lǐ.huì, 理會, pay attention; take notice of, 41
liǎn, 斂, hold back; draw back, 101
lián...dài..., 連...帶..., and; while; as well as, 20
liàn'ài, 戀愛, love (be in love), 61
liánchǐ, 廉恥, sense of shame, 80
liánduìzhǎng, 聯隊長, united army commander, 81
Liáng Sīchéng, 梁思成, 270
Liáng Shíqiū, 梁實秋, 16, 47
liǎngjiān chéng yìkǒu, 兩肩承一口, two shoulders
    carry a mouth (accepting an invitation without
    polite arguing), 41
liǎngmiàn zuòfēng, 兩面作風, double-faced
    tactics, 188
liǎngxiāng dǐxiāo, 兩相抵消, both parties offset or
    counteract the other, 41
liǎnhóng bó.zicū, 臉紅脖子粗, red with anger;
    livid, 54
liǎnkǒng, 臉孔, face, 187
liánluò, 聯絡, make contact, 39
liánmáng, 連忙, promptly; at once; hasten, 87
liànmù, 戀慕, love and admire, 61
liánniánbīngluàn, 連年兵亂, turmoil and chaos of
    war year after year, 219
liǎnpí, 臉皮, face; cheek, 49
liánxì, 聯繫, relate; link, 153
liánxì, 聯繫, contact, 279
liánxiǎng, 聯想, associate; make a connection in
    one's mind, 182
liánxù, 連續, continuous; successive; continuously,
    202, 248
liào.budìng, 料不定, difficult to predict, 96
liǎo.buqǐ, 了不起, terrific, 67
liáoyǐ, 聊以, just; merely, 54
...liú, ...流, and the like, 18
lièchē, 列車, train, 282
liègēnxìng, 劣根性, deeply rooted bad habits, 183
lièjǔ, 列舉, list; enumerate, 225
lièrù, 列入, listed, 120
lièrù, 列入, include, 135
lǐfàjiàng, 理髮匠, barber; hairdresser, 66

lǐfú, 禮服 , ceremonial robe; formal attire, 16
lǐjīn, 禮金 , gift and/or money, 153
lìlái, 曆來 , always; all through the ages, 148
lìliàng, 力量 , strength; energy, 100
lǐmào, 禮貌 , esteem; courtesy, 188
lín, 林 , forestry, 140
lìn, 吝 , stingy, 39
Lín Yǔtáng, 林語堂, 6
líncūn, 鄰村 , neighboring village, 118
líng, 靈 , soul; spirit, 230
lìng, 令 , make; cause, 22, 31
línghún, 靈魂 , soul; spirit, 235
línghuó, 靈活 , nimble; agile; quick, 205
língjiàn, 零件 , parts, 166
língmǐn, 靈敏 , sensitive; quick, 204
lìngrén qīngdǎo, 令人傾倒 , infatuated with sb.;
    be overwhelmed with admiration, 120
línshè, 鄰舍 , neighbour, 220
língshí, 零食 , snacks, 79
língsuì, 零碎 , pieces; fragments, 111
lìngtā xīnsuì, 令他心碎 , break his heart, 119
lǐngxiù, 領袖 , leader, 149, 190, 236
línjī yìngbiàn, 臨機應變 , act according
    circumstances, 84
lìqì, 力氣 , strength, 95
lǐràng zhībāng, 禮讓之邦 , nation of etiquette and
    protocol, 37
lǐràng zhīxiāng, 禮讓之鄉 , home of etiquette, 30
lǐsú, 禮俗 , etiquette and custom, 222
lìtǐ, 立體 , three-dimensional, 277
liú chī wúyòng, 留之無用 , 271
liúbì, 流弊 , corrupt practices; defect, 225
liūbīng chǎng, 溜冰場 , skating rink, 275
liúchuán, 流傳 , circulate; hand down, 149
liúdòng, 流動 , float; on the move; mobility, 47,
    219
liúdònglǜ, 流動率 , mobility; mobility rate, 221
liúhàn, 流汗 , perspire; sweat, 17
liù.liù, 遛遛 , stroll; take a walk, 174
liúnán, 留難 , make things difficult for sb., 190
liúxiě, 流血 , bleed, 97
liúxīn, 留心 , pay more attention to, 206
liúxíng, 流行 , prevalent; popular, 152
liúyù, 流域 , valley; drainage; range; basin, 216,
    259
lìwài, 例外 , exception, 21
lǐwù, 禮物 , gift, 83
lǐyīng, 理應 , ought ; should, 279
lǐzhì, 理智 , reason; sense, 84
lǒngduàn, 壟斷 , monopolize, 192
lǒngzhào, 籠罩 , envelop; shroud, 224
lǚ, 屢 , repeatedly, 204
Lǔ Xùn, 魯迅 , 1
luàncuàn, 亂竄 , scurry in all directions, 86
lǜdài, 綠帶 , green belt (zone) made by planting
    trees, 275
lùdì, 陸地 , land, 259
lüè, 略 , slightly; briefly, 94
lǔlüè, 擄掠 , loot, 84

lùn, 論 , discuss; talk about, 182
lúnchuán, 輪船 , steamship, 165
lùndiǎn, 論點 , argument, 272
lùndiào, 論調 , view; argument, 235
Lúndūn, 倫敦 , London, 8, 165
lúnlǐ, 倫理 , moral principle; ethics, 148
Lúnyǔ, 論語 , Analects (of Confucius), 225
luòkōng, 落空 , come nothing; fail, 136
lǜshī, 律師 , attorney, 68

M

Mǎ Yínchū, 馬寅初 , 134
mǎ.hū, 馬虎 , casual, 30
màiyì, 賣藝 , make a living as a performer, 18
màizi, 麥子 , wheat, 203
mánqǐ, 瞞起 , hide, 49
mántiān yàojià, 漫天要價 , asking an exorbitant
    price, 48
mánxìng, 蠻性 , savagery; sheer animal nature, 17
mànyán, 蔓延 , spread; extend, 272
Mǎnzú, 滿族 , Man (Manchu) nationality, 263
màochōng, 冒充 , pretend to be, 203
máocì, 毛刺 , burrs, 113
mào.mèi, 冒昧 , take the liberty to; venture to;
    make bold to, 94
màoxiǎn, 冒險 , risky, 231
mǎyǐ, 螞蟻 , ant, 224
mázhěn, 麻疹 , measles, 79
má.zi, 麻子 , pockmarks, 86
mázuì, 麻醉 , anesthetize, 188
mázuìyào, 麻醉藥 , anaesthesia, 82
méi, 枚 , AN for badges or coins, 207
měidé, 美德 , virtue, 30
měimǎn, 美滿 , happy; perfectly satisfactory, 150,
    231
méishòuzhíyán, 媒妁之言 , the good offices of the
    matchmaker, 236
méi xīn'gān, 没心肝 , heartless; no conscience, 80
měiwù, 美惡 , good and bad; beautiful and
    loathsome, 30
méndāng hùduì, 門當戶對 , well matched in social
    and economic status (for marriage), 233
méndì, 門第 , family status, 234
Mèng Zǐ, 孟子 , Mencius, 150
méngzhù, 蒙住 , cover, 187
miǎn.bùliǎo, 免不了 , unavoidably, 66
miǎnfùquán, 免賦權 , right to be exempt from
    taxes, 188
miànji, 面積 , area, 221
miànlín, 面臨 , faced with, 137
miánmián ruǎnruǎn, 綿綿軟軟 , soft and squishy,
    117
miànshì, 面世 , come to the world, 113
miánxù, 綿續 , continuous; stretch long and
    unbroken, 245
miǎnyìquán, 免役權 , right to be exempt from
    military service, 188

miàn.zi, 面子 , face (as in reputation), 39
miǎo, 秒 , second (1/60 minute), 67
miǎoshì, 藐視 , show contempt for, 215
miǎoxiǎo, 渺小 , petty; trivial, 110
miáoxiě, 描寫 , describe, 63
mièwáng, 滅亡 , die out; become extinct, 99
mìjí, 密集 , concentrate; crow together, 273
mìjué, 秘訣 , secret of / key to (success), 53
mì.mì, 秘密 , clandestinely; secretly, 7
mìnggēn, 命根 , one's very life, 217
míngguì, 名貴 , famous and precious, 262
míngmù, 名目 , pretext; false pretences; names of
    things , 96
míngwén, 明文 , proclaimed in writing, 247
míngxiǎn, 明顯 , distinctly; obviously, 6
míngyìshàng, 名義上 , nominal; in name, 174
míngzhī, 明知 , obviously and clearly know, 40
mínháng, 民航 , civil aviation, 165
mínjiānchuánshuō, 民間傳說 , folk legend;
    folklore, 151
Mínzúzhǔyìzhě, 民族主義者 , Nationalist, 8
mìqiè, 密切 , close; intimate, 150, 165, 261
mítiān, 彌天 , monstrous; outrageous, 49
miùwù, 謬誤 , falsehood, 110
mō, 摸 , touch; feel; stroke, 113
mò, 莫 , don't, 96
mōbùqīng, 摸不清 , unable to find out, 169
mò.bu.shì, 莫不是 , is it possible that, 119
mòdà, 莫大 , greatest; utmost, 245
módēng, 摩登 , modern; fashionable, 68
mò.fáng, 磨坊 , mill, 63
móguǐ, 魔鬼 , devil; monster, 82
mólì, 魔力 , magic power; magic, 236
mòmò.de, 默默地 , quietly; silently, 94
mó.mohú.hu, 模模糊糊 , vague; indistinct, 109
mòshēng, 佰生 , strange; unfamiliar, 222
móshì, 模式 , pattern, 246
móushēng, 謀生 , make a living, 215
mòxiǎng, 默想 , think quietly, 100
mǔ, 畝 , unit of area (=0.165 acre), 137
mù, 幕 , scene, 80
mù, 牧 , animal husbandry, 141
mùbēi, 墓碑 , tombstone; gravestone, 218
mùcái, 木材 , wood; lumber, 117, 138
mùchǎng, 牧場 , grazing land; pastureland, 262
mùguāng, 目光 , eye sight; eyes, 119
mùmián, 木棉 , kapok, 114

N

nǎishì, 乃是 , 235
nàifán, 耐煩 , patient
nǎimā, 奶媽 , wet nurse, 217
nàixīn, 耐心 , patience, 50
nǎizhì, 乃至 , and even, 113, 282
nàliáng, 納涼 , enjoy the cool, 276
nándé hú.tu, 難得糊塗 , Bemusement is the most
    desirable state of mind, 54

nánkān, 難堪 , awkward; embarrassed, 31, 151
nánmiǎn, 難免 , unavoidable, 66
nǎohuǒ, 惱火 , annoyed; irritated, 173
nǎojīn, 腦筋 , brains, 21
nǎojīn, 腦筋 , mind; way of thinking, 65
nǎolì, 腦力 , intelligence, 21 , 41
nǎolìláodòng, 腦力勞動 , mental work, 169
nàqiè, 納妾 , take a concubine, 151
nàyěbùrán, 那也不然 , it may not be so, 97
nèiháng, 內行 , expert; adept, 203
nèiměng, 內蒙 , Inner Mongolia Autonomous
    Region, 216
nèiróng, 內容 , content; substance, 185, 249
nèixīn, 內心 , innermost being; in one's heart of
    hearts, 18
nì, 膩 , bored with, 121
nǐ guǎn.buzháo, 你管不著 , None of your
    business!; You shouldn't interfere, 67
niányòu, 年幼 , young, 151
niánzhuó, 粘著 , stick together, 218
niào, 尿 , urine, 123
nièrú, 囁嚅 , stammering, 109
niēsǐ, 揑死 , pinch to death, 11
niē.zhe liǎngbǎhàn, 揑著兩把汗 , holding two
    handfuls of sweat - being breathless with
    tension/anxiety, 18
nígū, 尼姑 , Buddhist nun, 135
níhóng, 霓虹 , neon, 21
níng, 擰 , pinch, 67
nìngyuàn, 寧願 , would rather, 232
nítǔ, 泥土 , earth; soil, 217
niúmǎ, 牛馬 , ox and horse, 63
nìyīng, 溺嬰 , drowning infants, 154
nóngfū, 農夫 , peasant, 63
nónggēng, 農耕 , farming, 260
nóngwèi, 濃味 , rich and strong flavor, 62
núcai, 奴才 , flunkey; lackey, 186
nǚláng, 女郎 , young woman; girl, 2
nuòfū, 懦夫 , coward, 233
núyán-bìxī, 奴顏婢膝 , subservient; servile, 187
nǚzhǔrén, 女主人 , hostess, 6

O

ǒu, 偶 , once in awhile, 66
ǒu'ěr, 偶爾 , once in a while; occasionally, 232
ǒurán, 偶然 , once in a while; occasionally, 22, 47

P

pái, 排 , arrange, 171
páihuái, 徘徊 , pace up and down; walk back and
    forth, 99
páiliè, 排列 , arrangement, 220
pāishǒu, 拍手 , clap hands, 101
pān, 攀 , climb, 185

pànduàn, 判斷, judgement, 112
pángdà, 龐大, huge; enormous, 283
pāo, 拋, throw; toss, 101
pāojǐng líxiāng, 拋井離鄉, leave one's native place, 219
pāolí, 拋離, abandon, 209
pǎotuǐ, 跑腿, run errands; do legwork, 184
pāpā, 啪啪, onomatopoeia, 83
pèi, 配, deserve; qualify, 236
pèi'ǒu, 配偶, spouses, 63
pēng, 砰, 17
pěng, 捧, hold or carry in both hands, 95, 184
pěngchū, 捧出, hold in both hands, 51
pēngrèn, 烹飪, cooking; culinary arts, 31
pī, 披, cover, 113
pì, 闢, open up; lay out, 277
piān, 偏, against expectation, 52
piānchā, 偏差, deviation; error, 279
piànmiàn, 片面, one sided, 272
piānzhòng, 偏重, lay particular stress on, 249
piāohūwúdìng, 漂忽無定, drift from place to place, 218
piáojì, 嫖妓, go whoring, 121
pīlì, 霹靂, thunderbolt, 2
píláo, 疲勞, tired; fatigued, 278
pímiàn, 皮面, surface of one's face, 97
pímiàn.de xiàoróng, 皮面的笑容, hypocritical smiling, 97
pīn, 姘, have illicit relations with, 64
pínfá, 貧乏, poor; short, 261
píng, 憑, base on, 202
píng'ān, 平安, safe and sound, 101
píng'ān, 平安, peace, 237
píngfán, 平凡, ordinary; common, 281
píngjià, 評價, appraise; evaluate, 154
píngjiè, 憑藉, rely on; depend on, 192
píngjìng, 平靜, without rising and falling; prosaic (life), 80
píngjūn, 平均, average; mean, 154, 275
píngsù, 平素, usually, 222
píngyuán, 平原, plain; flatlands, 259, 277
pínjiàn, 貧賤, poverty, 110
pīnjiē, 拼接, put together, 111
pīnxiě, 拼寫, spell; transliterate, 264
pīpàn, 批判, criticize, 209
pīpíngjiā, 批評家, critic, 10
pòbài, 破敗, ruined; dilapidated, 93
pōdì, 坡地, hill, 118
pòhuài, 破壞, destroy; wreck, 195
pōlí, 玻璃, glass, 117
pòqiè, 迫切, urgently, 278
pòshǐ, 迫使, force; compel, 154
pòsuì, 破碎, worn-out; ragged; tattered, 92
pū, 鋪, spread, 113
pū, 撲 (乍蜢), rush at; catch, 204
pū, 鋪, pave, 276
pǔbiàn, 普遍, universal; general; common, 224, 265
pǔchá, 普查, take a survey, 134

púróng, 蒲絨, cattail wool, 114
pǔshí, 樸實, simple and honest, 250

Q

qí, 其, his (her; its; their); he (she; it; they), 264
qì, 砌, build by laying bricks or stones, 276
qī bùrú qiè, 妻不如妾, wife is not as good as a concubine, 64
qí chǐ dà rǔ, 奇恥大辱, galling shame and humiliation, 232
qián, 搉, carry on the shoulder, 238
qiánbì, 錢幣, coin, 174
qiānfāng bǎijì, 千方百計, by every possible means, 193
qiángdiào, 強調, stress; emphasize, 174, 279
qiǎngfù, 搶付, fight over who will pay; scramble or compete pay, 37
qiǎngjié, 搶劫, rob, 121
qiàngliàng, 蹌踉, staggering; limping, 93
qiángruò, 強弱, strong or weak; strength, 152
qiángwēi, 薔薇, rose, 96, 276
qiángyǒulì, 強有力, strong and powerful, 281
qiánjìn, 前進, forward, 137
qiān.jiù, 遷就, yield; give in; accommodate oneself, 52
qiánkūn, 乾坤, cosmos, 69
qiánliè, 前列, front row; forefront, 167
Qiánlónghuángdì, 乾隆皇帝, seventh emperor of Qing Dynasty (1736-1796), 167
qiǎnlòu, 淺陋, meager; superficial, 37
qiānsī wànlǚ, 千絲萬縷, countless ties; a thousand and one links, 249
qián.tú, 前途, future, 123
qiānwàn búyào, 千萬不要, under no circumstances, 86
qiānyí, 遷移, move; migrate, 216
qiányóu, 潛游, swim under water, 119
qiǎnzé, 譴責, condemnation, 149
qiānzhě, 前者, the former, 222, 248
qiānzì, 簽字, sign; affix one's signature, 223
qiāo, 敲, knock, 206
qiǎo.kèlì, 巧克力, chocolate, 114
qiáomàipí, 蕎麥皮, buckwheat husks, 112
qiǎomiào, 巧妙, clever; ingenious, 11
qiáomàipí, 蕎麥皮, buckwheat husks, 112
qiǎoshé rúhuáng, 巧舌如簧, glib tongue, 109
qǐbúshì, 豈不是, isn't that; wouldn't that, 233
qǐchū, 起初, originally; at first, 29
qícì, 其次, secondary, 205
qiě, 且, for the time being; as an interim measure; just, 6, 19, 246
qǐfā, 啓發, inspiration; enlightenment, 157
qǐfēng, 啓封, unseal, 62
qǐgài, 乞丐, beggar, 93
qìgōng, 氣功, Kung Fu, 115
qígǔxiāngdāng, 旗鼓相當, being well-matched; worthy of each other's steel, 17

qīhēi, 漆黑 , pitch-dark, 82
qíhuò kějū 奇貨可居 hoard as a rare commodity, 51
qíjiān, 其間 , among them, 93
qījiàng, 漆匠 , painter, 3
qīkān, 期刊 , periodical, 120
qǐkě, 豈可 , how could; how is it possible, 281
qīliáng, 淒涼 , dreary; desolate, 246
qīn'ài.de, 親愛的 , dear, 11
qìněi, 氣餒 , discouraged; be dejected, 51
qīng, 青 , dark; green, 2
qīng ér yì jǔ, 輕而易舉 , easy to do, 174
qínggǎn, 情感 , emotion; feeling, 231
qīnggōngyè, 輕工業 , light industry, 140
qínghuǒ 清火 dissipating excessive body heat, 123
qǐngjiào, 請教 , ask for advice, 50
qíngjǐng, 情景 , scene; sight; circumstances, 235
qīngmiáodànxiě 輕描淡寫 , touch on lightly, 19
Qīngmíng, 清明 , Tomb-sweeping Day , 277
qīngsī, 清思 , clear mind, 9
qīngsī, 青絲 , dark hair (of a female), 66
qīngshì, 輕視 , despise; look down on; underestimate, 235, 262
qíngshū, 情書 , love letter, 208
qīng.sōng, 輕松 , relaxed, 18
qīngtīng, 傾聽 , listen attentively , 98, 112
qīng.wēi, 輕微 , slight, 115
qīngxián, 清閑 , leisure, 238
qīngxīn, 傾心 , fall in love; admire, 65
qīngxīn, 清新 , clean; pure and fresh, 115
qíngxù, 情緒 , mood; sentiment, 278
qīngyì, 輕易 , rashly; easily, 37, 65
qīngyì, 清議 , political criticism by scholars, 192
qīngzǐ, 青紫 , black and blue, 67
qīn.jìn, 親近 , close , 66
qínshòu, 禽獸 , birds and beasts, 29
qīnzhàn, 侵占 , invade and occupy, 274
qīn.zì, 親自 , in person, 99
qīnzǐ guānxi, 親子關係 , relationship between parents and children, 245
qīnzì, 親自 , personally; in person, 16
qīpiàn, 欺騙 , deceive; cheat, 187
qìpò xióngwěi, 氣魄雄偉 grand; magnificent, 281
qítú, 歧途 , wrong road; forks in life, 112
qǐtú, 企圖 , attempt, 116
qiúduì, 球隊 , sports team, 20
qiúrén dérén, 求仁得仁 , wish fulfilled, 39
qiúzhù, 求助 , seek help, 111
qīwǔ, 欺侮 , bully, 79
qìxī, 氣息 , smell; odor; flavour, 114
qìxiūxiū, 氣咻咻 , panting, gasping for breath, 16
qìyóu, 汽油 , gasoline; gas, 137
qíyú, 其餘 , others; the rest, 136
qìyuē, 契約 , contract; deed, 224
qīzhě qíyě, 妻者齊也 , literally: wife means equal, even, 69
qīzhébākòu, 七折八扣 , various deductions, 48
qū, 區 , district, 116
qǔ, 娶 , marry (a woman), 151
quàn, 勸 , advise; persuade, 187

quàncài, 勸菜 , urge someone to eat, 28, 85
Quánguó Rénmín Dàibiǎo Dàhuì, 全國人民代表大會 , National People's Court, 259
quànjiě, 勸解 , mediate; make peace between; patch things up between, 67
quánmóu, 權謀 , trickery; tactics, 38
quányù rúchū, 痊愈如初 , fully recovered as before, 123
qūbié, 區別 , distinguish; differentiate, 110, 169
qūbié, 區別 , difference, 250
qūcè, 驅策 , drive, 7
qúdào, 渠道 , medium of communication; 264
qǔdé, 取得 , gain; acquire, 271
què, 確 , true; really; indeed, 233
quēdiǎn bǎichū, 缺點百出 , full of defects, 52
quēfá, 缺乏 , short of; lack, 245
quèrèn, 確認 , confirm, 258
quēxiàn, 缺陷 , defect, 204
qué.zi, 瘸子 , cripple, 122
qùgǔwèiyuǎn, 去古未遠 , not far from the ancient times, 18
qúnjū, 群居 , living in groups, 220
qúntǐ, 群體 , colony; group, 245
qúnzhòng, 群眾 , masses, 148, 264
qǔshě, 取捨 , accept or reject; make one's choice, 230
qǔng, 趨同 , tend , 245
qù.wèi, 趣味 , delight; interest, 17
qūyù, 區域 , region; area; district, 274
qǔyǔ, 取予 , taking and giving, 251
qūzhú, 驅逐 , drive out; banish; expulsion, 96
qǔzīyú, 取資於 , get resources from, 218

R

rán, 燃 , burn, 82
ránér, 然而 , nevertheless; but; however, 7, 101
ràng, 讓 , yield; give ground, 69
ràngbù, 讓步 , make a concession; give way, 53
rào, 繞 , wrap around, 121
ràoguò, 繞過 , go round, 282
rǎoluàn, 擾亂 , disturb; harass, 9, 165
rén, 人 , character; personage, 91
rèn...róulìn, 任...蹂躪 , forced to allow... to ravage, 78
réncái, 人材 , talent; qualified personnel, 172
rēng.diào, 扔掉 , throw away, 115
réngjiù, 仍舊 , still; yet, 39, 232
réngōng liúchǎn, 人工流產 , abortion, 139
rénkǒu-zhòngduō, 人口眾多 , have a very large population, 263
rénlèi, 人類 , mankind; humanity, 281
rénlún, 人倫 , human relations, 63
rénmín dàzhòng, 人民大眾 , masses, 272
rénqíng miànzi, 人情面子 , human relationship and reputation; prestige; face, 191
rénshēngguān, 人生觀 , life philosophy, 233
rénshì, 人事 , personnel matters, 172
rěnshòu, 忍受 , bear; endure, 274

rènsì niúpí, 韌似牛皮 , tough as elephant hide, 50
rénwù, 人物 , figure; personage, 149
rènwù, 任務 , job; mission, 86, 169, 271
rényì dàodé, 仁義道德 , humanity, justice, and virtue; virtue and morality, 187
rènzhēn, 認真 , conscientious, 258
rénzhèng, 仁政 , policy of benevolence, 187
rèqíng, 熱情 , passion; enthusiasm, 65, 172
rìchéng, 日程 , schedule; programme, 157
rìxīn-yuèyì, 日新月異 , change with each passing day, 165
rìyì, 日益 , day by day, 154
rìyì pínfán, 日益頻繁 , become more frequent day by day, 265
rìyuè, 日月 , the sun and the moon, 112
rìyuè rúsuō, 日月如梭 , the months pass like flying shuttles, 118
róng zōng yào zǔ, 榮宗耀祖 , bring honor to one's ancestors, 250
rónghé, 融合 , mix together, 260
róngrěn, 容忍 , tolerate; put up with, 236
róngxǔ, 容許 , tolerate; permit, 151
róngyù, 榮譽 , glory, 7
róu yǎn.jīng, 揉眼睛 , rub one's eyes, 67
ròutǐ, 肉體 , human body; flesh, 230
rúcǐ, 如此 , so; such; like that, 246
rúhé, 如何 , how, 270
rúhuò yìbǎo, 如獲異寶 , as if one had found a treasure, 51
Rújiā, 儒家 , Confucianism, 150
rújīn, 如今 , now (time word), 79
rúlángsìhǔ, 如狼似虎 , ferocious as wolves and tigers, 21
ruò, 若 , like; seem; as if, 61, 138, 234
ruògān, 若干 , some; certain number or amount of, 40, 183, 274
rúshí, 如實 , accurately; as things really are, 173
rúng, 如同 , like; as, 234

S

sāi, 塞 , fill in; stuff; squeeze in, 86, 174, 217
sān tiáo dàhé, 三條大河 , 216
sāi.gěi, 塞給 , stuff; force into, 31
sāndīngchōuyī, 三丁抽一 , among three males, one should be enlisted, 189
sàngshī, 喪失 , lose; forfeit, 154, 236
sāngyè, 桑葉 , mulberry leaf, 122
sǎnjià, 散架 , dilapidated, 118
sānjiācūn, 三家村 , three-family village; a very small, remote village, 221
sǎoxìng, 掃興 , disappointing; have one's enthusiasm dampened, 49
sēnlín, 森林 , forest, 261
shāfātào, 沙發套 , slipcover for a sofa, 6
shǎguā, 傻瓜 , fool; blockhead, 67
shājià, 殺價 , make a lower counter-offer, 53
shāmò, 沙漠 , desert, 166
shàn, 善 , good at, 40

shàn, 扇 , AN for door or window, 93
shàndá, 上達 , reach the higher authorities, 192
shāndǐng, 山頂 , top of a mountain; peak, 262
shàng...yào, 上...藥 , apply...medicine, 82
shàng'àn, 上岸 , landing, 165
shàng.bùmǎn, 尚不滿 , , 111
shàng bù zháotiān xià bù zháodì, 上不著天下不著地 , neither in the air nor on the ground; in limbo, 195
shàngdàng, 上當 , fooled, tricked, 48
Shàngdì, 上帝 , God, 61
shàngdiào, 上吊 , hang oneself, 68
shānghài, 傷害 , injure; harm, 10, 139
shāngkǒu, 傷口 , wound; cut, 232
shāng.liáng, 商量 , negotiate; exchange opinions; discuss, 52
shāngyè, 商業 , commerce; business trade, 141
shànliáng, 善良 , good and honest, 79
shānpō, 山坡 , hillside; mountain slope, 261
shānqū, 山區 , mountain area, 259
shànyǎng, 贍養 , support; provide for, 245
shànyú, 善於 , good at, 19, 49, 206
shānzhuāng, 山莊 , mountain village, 167
shàonǚ, 少女 , young girl, 85
shǎoyǒu, 少有 , rare; hard to come by, 95
shāshēng, 殺生 , kill living things, 139
shāyǎ, 沙啞 , hoarseness, 115
shě, 捨 , give up; abandon, 209
shé, 蛇 , snake, 62
shèfǎ, 設法 , think of a way, 274
shèjì, 設計 , design; plan, 279
shèjiāo, 社交 , social intercourse, 207
shēnchén, 深沉 , deep, 119
shènfāchū, 滲發出 , emit, 114
shēnfen, 身份 , status; identity, 182
shěng, 省 , province, 260
shēng yú sī sǐ yú sī, 生於斯死於斯 , one dies where he was born, 222
shēngchǎnlì, 生產力 , productive forces, 134
shēngdào, 昇到 , go up, 63
shèngdì, 勝地 , famous scenic spot, 262
shēngdòng, 生動 , lively; vivid, 249
shēnggēn, 生根 , take root, 224
shēngguān fācái, 升官發財 , winning power and money, 38
shēngguān fācái, 昇官發財 , out for power and money, 80
shēnghuǒ, 生火 , make (light) a fire, 173
shēnghuólì, 生活力 , life force; vitality, 238
shēngkou, 牲口 , draught animals; livestock 183
shènglì, 勝利 , victory, 109, 238
shēnglóng huóhǔ, 生龍活虎 , courageous as a dragon and lively as a tiger - full of vim and vigour, 19
shēngqì, 生氣 , be angry, 64
shēngqì, 聲氣 , voice; tone, 206
shēngwù, 生物 , biological, 173
shèng.xià, 剩下 , left (over), 28, 79
shēngxiào, 生效 , become effective, 205

shèngxíng, 盛行 , vogue, 30

shēngyù, 聲譽 , reputation, 38

shēngyuán, 生員 , lowest degree of the civil service examination, 189

shēngyuè, 聲樂 , vocal music; voice lessons, 109

shénhuà, 神話 , mythology; myth, 223

shénmì, 神秘 , mysterious; mystical, 234

shēnrù, 深入 , go deep into, 260

shēnshì, 紳士 , gentleman (gentry), 79, 182

shēnsī, 深思 , ponder deeply over, 156

shēnyāo, 伸腰 stretch or straighten one's back, 100

shènzhì, 甚至 , even, 67

shènzhòng, 慎重 , cautiously; carefully, 270

shèqū, 社區 , community, 220

shèqún, 社群 , social group, 206

shěshēn bàoguó, 捨身報國 , sacrifice oneself to rescue one's country, 84

shèshī, 設施 , installation; facilities, 156

shèxiǎng, 設想 , envision; contemplate, 41

shèxiǎng, 設想 , tentative plan, 246

shèyàn, 設宴 , give a banquet, 68

shì, 式 , type; pattern, 272

shī, 詩 , poem, 120

shí ér búràng, 食而不讓 , eating without first offering and giving food to others, 29

shí rén zhī lù zhōng rén zhī shì, 食人之祿 忠人之 事 , responsible to the one who pays you, 184

shī shēnfen, 失身份 lose one's social standing, 194

shí zhī bā jiǔ , 十之八九 , eight or nine out of ten, most likely, 206

shībài, 失敗 , lose (in contest); be defeated, 53

shībài, 失敗 , defeat; failure, 110, 231

shìbì, 勢必 , certainly will; be bound to, 156

shìdàfū, 士大夫 , literati and officialdom (in feudal China), 182

shìdài, 世代 , generations, 248

shìdàng, 適當 , suitable; proper, 278

shí-dàtǐ, 識大體 , have the cardinal principles in mind, 174

shífēn, 十分 , very; truly, 65

shìfǒu, 是否 , 109

shìfǒu, 是否 , whether or not, 206, 246

shì.hào, 嗜好 , habit; addiction; hobby, 30, 52

shìhòu, 侍候 , wait upon; look after, 218

shíhuī, 石灰 , lime, 281

shìjì, 事蹟 , achievement, 280

shíjī, 時機 , opportune moment; time, 10

shíjié, 時節 , season, 276

shìjūnzǐ, 士君子 , scholars and gentlemen, 18

shíkè, 食客 person sponging off an aristocrat, 185

shìlì, 勢力 , force; power, 153

shìmiàn, 世面 , various aspects of society, 203

shínián hàojié 十年浩劫 Cultural Revolution, 171

shìnlǚ 仕女 aristocratic women (ancient usage), 203

shìpíngrén, 詩評人 , poem critic, 120

shìqiāngláng, 屎蜣蜋 , dung beetle, 232

shīrén, 詩人 , poet, 10

shìróng, 市容 , appearance of a city, 270

shīrùn, 濕潤 , wet, 119

shīshēng, 失聲 , cry out or yell involuntarily, 51

shìshìdàidài, 世世代代 , generations; from generation to generation, 137

shìshíshàng, 事實上 , matter of fact, 8

shītán, 詩壇 , poetry world, 120

shìwēi, 示威 , show force, 87

shíwù, 食物 , food, 30

shìyí, 適宜 , suitable; fit, 216, 260

shízì, 識字 , able to read; literate, 170

shìzú, 氏族 , clan, 153

shòu, 壽 , longevity, 149

shòubīng, 獸兵 , brutish soldiers, 78

shǒu.duàn, 手段 , means; measure, 38, 111, 224

shǒugōng, 手工 , manual, 156

shǒugōngyè, 手工業 , handicraft industry, 259

shòuhuì, 受惠 , benefit; be favoured, 38

shōuhuò, 收獲 , results; gains, 231

shōuhuí, 收回 , take back, 101

shòumìng, 壽命 , life span; life time, 135

shōumíngshū, 說明書 , directions; manual, 170

shōu.shí, 收拾 , tidy up, 81

shōushǒu, 收手 , stop; withdraw; call off, 39

shǒuwàn, 手腕 , wrist, 68

shǒuwèi, 守衛 , guard, 86

shǒuxiān, 首先 , first; in the first place, 6

shōuzū, 收租 , collect rent, 193

shǔ, 屬 , belong , 257

shù, 恕 , forgive, 37

shuāijiāo.de, 摔跤的 , wrestler, 18

shuāituì, 衰退 , decline (physically), 152

shuàizhí, 率直 , straightforward; blunt, 188

shuāngzhígōng, 雙職工 , working couple, 173

shuǎqián, 耍錢 , gambling, 121

shūchū, 輸出 , export, 168

shùfù, 束縛 , tie; bind up; shackle, 138, 217

shùgēn, 樹根 , root of a tree; stump, 93

shuǐtǔbùfú, 水土不服 , unaccustomed to the environment of a new place, 217

shūjí, 書籍 , books, 205

shùliàng, 數量 , quantity; amount, 258

shǔnxī, 吮吸 , suck, 82

shuōhuǎng, 說謊 , tell lies, 3, 53

shūrù, 輸入 , import; input, 1, 9

shūsàn, 疏散 , evacuate, 204

shú.xī, 熟悉 , familiar, 96

shúxi, 熟悉 , know sth. or sb. well; be familiar with, 222

shūxìn, 書信 , letter; written message, 209

shǔyú, 屬於 , belong ; be part of, 84, 280

shūyuǎn, 疏遠 , become estranged, 221

sǐshī, 死屍 , corpse; dead body, 99

sì, 似 , seemingly; as if, 100

sīcháo 思潮 trend of thought; ideological trend, 121

Sīchóuzhīlù, 絲綢之路 , Silk Road, 166

sīdé, 私德 , individual moral character, 40

sīháo, 絲毫 , the slightest amount or degree, 238

sìhū, 似乎 , seemingly; as if, 98, 234

sìjiāo, 四郊 , suburbs; outskirts, 273

sìjìn, 四近 , nearby; nearby region, 99

sìshì'érfēi, 似是而非, seemingly right but actually wrong, 235

sìtǐ bùqín wǔgǔ bùfēn, 四體不勤五穀不分, can neither use one's four limbs nor tell the five grains apart. (people who have never done manual labor), 193

sìwánglù, 死亡率, mortality, 155

sīxīnqièxǐ, 私心竊喜, secretly delighted, 204

sìxù, 嗣續, heir; descendant, 251

sīyǎ, 嘶啞, hoarse, 109

sùdù, 速度, speed, 134

suí, 隨, follow; go along with; comply with, 30

suí, 隨, no matter, 66

suíjí, 隨即, right after, 101

suíshí, 隨時, at any time; at all times, 101

suíyì, 隨意, casually; inattentively, 51

suízhe, 隨著, along with, 273

sùlaí, 素來, always, 30

sùlái, 夙來, always; all through the ages, 20

Sūlián, 蘇聯, Soviet Union, 135

sùliào, 塑料, plastics, 117

sǔn, 損, harm, 40

sǔnhài, 損害, harm; damage, 171, 188

suō, 縮, cut short, 165

suōduǎn, 縮短, shorten; cut down, 172

suǒqǔ, 索取, ask for; extort, 152

suǒ.shàng, 鎖上, be locked up, 87

suǒwèi, 所謂, what is called; so called, 182, 231

suōxiǎo, 縮小, reduce; lessen, 216

suǒzài, 所在, place, 95

suō.zi, 梭子, shuttle, 118

suǒzuò suǒwéi, 所作所為, one's conduct, 172

T

tāi, 胎, (number of) births, 151

tài.dù, 態度, attitude; manner, 7

tài.yáng, 太陽, sun, 93

tāmā.de, 他媽的, damn, 83

tān, 貪, greedy, 39

tān, 攤, spread out, 174

tàn, 探, try to find out, 3

tàn, 探, stretch forward, 202

tǎnbái, 坦白, confessedly; frankly, 232

Tángcháo, 唐朝, Tang Dynasty (618-907), 166

táng.sè, 搪塞, stall someone off; act in a perfunctory way, 49

tǎngshǐ, 倘使, if; in case; supposing, 99

tángwū, 堂屋, central room of a traditional Chinese house, 81

tánliàn'ài, 談戀愛, be in love, 208

tànshì, 探視, try to find out, 81

tànwèn, 探問, make cautious inquiries about, 3

tānxīn, 貪心, greed; avarice, 195

tǎo, 討, beg, 94, 118

tào, 套, AN for set of things, 53

tào, 套, AN for formula; convention, 154

tǎofá, 討伐, punishment, 110

tǎohǎo, 討好, curry favour with; ingratiate oneself with, 16

táohūn, 逃婚, run away to avoid marriage, 237

tǎopián.yi, 討便宜, take advantage (of someone), 48

tǎoshēnghuó, 討生活, make a living, 216

táotài, 淘汰, eliminate through selection or competition, 220

tèdìng, 特定, specifically designated, 185

tèquán, 特權, privilege, 185

tèshū, 特殊, outstanding; special, 21, 114

tèshǐ, 特使, special envoy, 16

tèxìng, 特性, specific property; characteristic, 183

tī, 踢, kick, 20

tì, 替, for; on behalf of, 8

tiǎn, 舔, lick, 119

tiāndì, 天地, heaven and earth, 69

tiānlún, 天倫, natural bonds and ethical relationships between members of a family, 249

tiánmì, 甜蜜, sweet and happy; merry, 119

tiánqī, 田七, blood ginseng, 122

tiānrán, 天然, natural, 190, 262

tiāntáng, 天堂, paradise, 63

tiányuán zhī lè, 田園之樂, joyfulness of idyllic life, 274

tiānzú, 天足, natural feet, 236

tiāo, 挑, carry, 173

tiáojì, 調劑, adjust; regulate, 29

tiáojiàn, 條件, condition, 219

tícái, 題材, topic; subjects, 11

tiělù, 鐵路, railway, 275

tiětí, 鐵蹄, iron heel (cruel oppression of the people), 78

tǐgé, 體格, physique, 22

tǐjī, 體積, volume, 168

tǐlì láodòng, 體力勞動, physical labor, 152, 169

tǐmian, 體面, dignity; face, 205

tītián, 梯田, terraced fields, 220

tǐxíng, 體形, bodily form; build, 280

tǐyù, 體育, sports; athletics, 22

tǐzhòng, 體重, body weight, 7

tóngbiàn, 童便, urine of baby boys, 123

tóngbāo, 同胞, compatriot, 84

tǒngchēng, 統稱, called by a joint name; a general designation, 258

tóngdào, 同道, people who are of the same kind, 39

tōnggōng, 通通, all; entirely; completely, 194

tōngguò, 通過, adopt; pass, 247

tǒngjì, 統計, count; add up, 136

tòng.kuài, 痛快, great; delighted, 40

tōngmíng bàoxìng, 通名報姓, tell one's name, 206

tóngnián, 童年, childhood, 118

tóngnián, 同年, people who passed the civil service examination in the same year, 190

tóngqián, 銅錢, copper coin, 207

tōngshāng, 通商, trade relations, 167

tóngshì, 同事, colleague; fellow worker, 9

tóngsǒu wúqī, 童叟無欺, young or old, a fair deal guaranteed, 47 tóngxiāng, 同鄉 , person from the same village, town or province, 190

tōngxìn, 通信 , correspond, 69

tōngxíng, 通行 , pass through, 191

tōngxíng, 通行 , in circulation, 208

tóngyìyǔ, 同義語 , synonym, 192

tōngyòng, 通用 common use; interchangeable, 264

tòngzé, 痛責 severely denounce; sharply criticize, 9

tǒngzhì jiējí, 統治階級 , ruling class, 258

tǒngzhìzhě, 統治者 , ruler, 279

tōu, 偷 , carry on a clandestine love affair, 64

tóu, 頭 , AN for some big animals, 2

tóuhé, 投河 , drown oneself (in a river), 68

tōushēng, 偷生 , drag out an ignoble existence, 80

tóuyóu, 頭油 , hair oil, 113

tú, 徒 , follower or believer of a religion, 10

tuánjié, 團結 , joining forces; unity, 222

tǔbù, 土布 , handwoven / homespun cloth, 112

tǔchǎn, 土產 , native produce, 122

túchǎng, 屠場 , slaughterhouse, 84

tǔdì, 土地 , land, 154

tǔdì miànjī, 土地面積 , area of land, 259

tǔdì zīběn, 土地資本 , land capital, 192

tuǐdù, 腿肚 , calf (of the leg), 2

tuīfān, 推翻 , overthrow; overturn, 232

tuīguǎng, 推廣 , popularize; spread, 151

tuīqiāo, 推敲 , weigh; deliberate, 250

tuítáng, 頹唐 , dejected; dispirited; in dismay, 100

tuīxíng, 推行 , promote, 138

tújìng, 途徑 , way; channel, 185, 270

Tǔlǔfān, 吐魯番 , Turfan, a place in Xinjiang, 166

túnjī, 囤積 , hoard for speculation; corner, 185

tūnshì, 吞噬 , engulf; gobble up, 82

tuō, 拖 , drag, 86

tuōfú, 托福 , thank you (archaic), 94

tuōhòutuǐ, 拖後腿 , hinder (or impede) sb.; hold sb. back, 137

tuōjié, 脫節 , come apart, 171

tuōlājī, 拖拉機 , tractor, 137

tuōní-dàishuǐ, 拖泥帶水 , drag through mud and water, 216

tuòzhí, 拓殖 , open up virgin fields, 221

tǔqì, 土氣 , rustic; countrified, 215

tūrán, 突然 , suddenly, 82

tǔu-tǒu, 土頭土腦 , rustic; countrified, 215

tǔwū, 土屋 , house made of earth, 93

W

wà, 襪 , socks, 205

wādiào, 挖掉 , dig sth. up by the roots, 188

wàihuì, 外匯 , foreign currency, 122

wàijiāojiā, 外交家 , diplomat, 9, 49

wàiyù, 外遇 , extramarital / adulterous affair, 64

wǎjiě, 瓦解 , disintegrate; undermine, 110

wǎlì, 瓦礫 , rubble; debris, 92

wánbì, 完畢 , end, 16

wān.dezhuǎn, 彎得轉 , able be bent, 28

wàng, 望 , look over, 3

Wáng Měng, 王蒙 , 109

wàng chén mò jí, 望塵莫及 , too far behind to catch up, 204

wángdào, 王道 , kingly way; benevolent government, 187

wánghóu 王侯 princes and marquises; nobility, 183

wǎnglái, 往來 , coming and going; contact, 264

wángqiáng 頑強 indomitable; staunch; tenacious, 194

wǎngqiú, 網球 , tennis, 16

wàngquè, 忘卻 , neglect; forget, 7

wǎnhūn, 晚婚 , marry at a mature age, 139

wǎnjǐng, 晚景 , evening scene; one's circumstances in old age, 246

wánjù, 玩具 , toy, 168

wánliáng nàshuì, 完糧納稅 , hand in grain and pay tax to the government, 191

wànmín, 萬民 , millions of people, 186

wánshàn, 完善 , perfect, 209

wànshì, 萬世 , thousands of years, 62

wànyǒu, 萬有 , all inclusive, 225

wéi, 唯 , only, 237

wèi, 未 , have not; did not, 264

wēi hū qíwēi, 微忽其微 , very little, 219

wèibì, 未必 , not necessarily, 31, 67, 98

wéibó, 圍脖 , muffler, 121

wèicháng, 未嘗 (不 / 沒) , might not, 39

wèi.dào, 味道 , taste; flavour, 30

wéifǎ, 違法 , illegal, 190

wēifēng línlǐn, 威風凜凜 , majestic looking; awe inspiring, 187

wēihè, 威嚇 , threaten, 187

wéihùzhě, 維護者 , defender, 150

wèijīng V, 未經 V , have not been...V-ed, 120

wèikěxiànliàng, 未可限量 , without limit, 123

wéikǒng, 唯恐 , for fear that; lest, 65

wèiláizhǔyì, 未來主義 , futurism, 2

wèimiǎn, 未免 , rather; a bit too, 248

wéiqīsuǒqì 為妻所棄 abandoned by one's wife, 68

wěi.qū, 委屈 , inconvenienced, 52

wèishēng, 衛生 , hygiene; sanitation, 135

wēiwēi, 微微 , slightly, 203

wéixì, 維繫 , hold; maintain , 110

wēixiào, 微笑 , smile, 96

Wéiyěnà, 維也納 , Vienna, 8

wèizhi, 位置 , place; position, 279

wēn, 溫 , warm, 249

wěn.dàng, 穩當 , proper; sound; safe, 100

wěndìng, 穩定 , stable, 134

wéngào, 文告 , proclamation; radiophoto, 209

wéngé, 文革 , Cultural Revolution, 172

wēnhé, 溫和 , mildly, 188

wénhuàchéngdù, 文化程度 , educational level, 170

wénkē, 文科 , liberal arts, 171

wénlǐ, 文理 , liberal arts and science, 171

wénmáng, 文盲 , illiterate person, 204

wénmíng, 聞名 , become well-known, 8

wénshì, 文士 , scholar, 182

wénwù, 文物 , cultural relic, 278
wénxué, 文學 , literature, 10
wénxuécídiǎn 文學詞典 literary encyclopedia, 120
wényìjiè, 文藝界 , literary and art circles, 1
wényúquān, 文娛圈 , cultural and recreational circles, 277
wòshì, 臥室 , bedroom, 115
wòzhù, 握住 , hold, 78
wū, 烏 , dark, 91
wū, 污 , dirty; filthy, 205
wǔ, 捂 , hold and cover, 115
Wú Hán, 吳 , 182
wúài, 無礙 , without hindrance, 218
wúcóng, 無從 , have no way (of doing sth.), 223
wǔdīngchōu'èr, 五丁抽二 , among five males, two should be enlisted, 189
wújì, 無際 , unlimited; boundary, 277
wù.jià, 物價 , commodity prices, 48
wújīng dǎcǎi, 無精打采 , listless; low energy; in low spirits, 51
wújīzhītán, 無稽之談 , sheer nonsense, 9
wúkě nàihé, 無可奈何 , have no way out; have no alternative, 236
wúkězhìzhèng, 無可質證 , no way to prove, 3
Wūlǔmùqí, 烏魯木齊 , capital of Xinjiang , 166
wǔlún, 五倫 , five human relationships , 61
wúlùnr úhé, 無論如何 , in any case; whatever happens, 194
wǔmèi, 嫵媚 , charming, 79
wúqíng, 無情 , ruthless; merciless, 51
wūrǎn, 污染 , pollute, 115
wǔshì 武士 palace guards in ancient times;arrior,182
wǔ.shù, 武術 , martial arts, 115
wúsuǒ búyòngqíjí, 無所不用其極 , resort to every conceivable means; go to any length, 187
Wúwéi, 無為 , name of a place, 78
wúwèi, 無謂 , meaningless, 239
wǔwèi jùquán, 五味俱全 , have all sorts of flavors, 62
wúxiànzhì 無限制 unlimitedly;unrestrictedly, 274
wúxiè kějī, 無懈可擊 , unassailable; with no chink in one's armour, 52
wūyán, 屋簷 , eaves, 220
wǔyán liùsè, 五顏六色 , colourful, 119
wúyí, 無疑 , beyond doubt, 217
wūyīng, 兀鷹 , griffin vulture, 99
wùzhì, 物質 , material, 7
wùzī, 物資 , goods and materials, 138

X

xī, 吸 , suck up; absorb, 11, 113
xī, 息 , rest, 97
xī, 稀 , rare; scarce, 135
xī, 兮 , 135
xī, 熄 , extinguish; put out, 249
xì, 細 , meticulous; detailed, 171
xià, 嚇 , frighten, 238

xiá'ài, 狹隘 , narrow and limited, 272
xiàbùzhádì, 下不著地 , 195
xiàchǎng 下場 (bad) end that a person comes to, 247
xiǎnchū, 顯出 , show; produce, 119
xiàguì, 下跪 , kneel down, 172
xiàliè, 下列 , listed below; following, 221, 247
xiàn, 縣 , county, 79, 116, 261
xiǎn.de, 顯得 , show; reveal, 37
xiǎndé, 顯得 , look; seem, 208
xiǎnér'yìjiàn, 顯而易見 , obviously; evidently, 206
xiànfǎ, 憲法 , constitution, 247, 263
xiānfēng, 先鋒 , vanguard, 237
xiāng, 鄉 , township, 116
xiāng'ān, 相安 , live in peace with each other, 64
xiāngchuán, 相傳 , according to legend, 28
xiāngdāng, 相當 , appropriate, 234
xiāngfǎn, 相反 , opposite; contrary, 149, 191
xiānghuǒ, 香火 , ancestral sacrifices; family line, 250
xiāngjiān, 鄉間 , countryside, 2
xiàngjiāo, 橡膠 , rubber, 262
xiāngjìng rúbīn, 相敬如賓 , respectful and polite to each other, 68
xiāngliào, 香料 , perfume; spice, 168
xiánglüè, 詳略 , details, 3
xiāngpū, 相撲 , spring/pounce/throw oneself on each other, 20
xiāngwàng, 相忘 , forget each other, 69
xiángxì, 詳細 , detailed; minute, 222, 260
xiāngyān, 香煙 , cigarette, 66
xiāngyìng, 相應 , correspondingly, 155
xiāngyuē, 相約 , agree, 37, 68
xiàngzhēng, 象徵 , symbol; symbolize; 207, 217
xiānjìn, 先進 , advanced, 167
xiànlì, 縣立 , county-run, 79
xiānrén, 先人 , ancestor, 257
xiànshí, 現實 , reality, 156
xiànxiàng, 現象 , phenomenon, 1
xiànxíng, 現行 , currently in effect; existing, 247
xiānzhé, 先哲 , sage, 29
xiǎn.zhe, 顯著 , appear; seem, 48
xiànzhēngxìng, 象徵性 , symbolic; token, 250
xiànzhì, 限制 , restriction, 208
xiàodào, 孝道 , filial piety, 250
xiāofèi, 消費 , consume, 140
xiáohào, 消耗 , consume; use up, 239
xiàohuà, 消化 , digest, 117
xiàohuà, 笑話 , joke, 69
xiāojí, 消極 , negative; passive, 29, 154, 236
xiàoláo, 效勞 , work in the service of, 184
xiàolì, 效力 , effect, 69
xiāoliàng, 銷量 , sales volume, 120
xiǎonóngjīngjì, 小農經濟 , small-scale peasant economy, 152
xiǎo.qìguǐ, 小氣鬼 , stingy person, 38
xiāoshī, 消失 , disappear, 116
xiāozāi, 消災 , eliminate bad luck; dispel misfortune, 38
Xiàwá, 夏娃 , Eve, 61

xiàzú, 下足, put foot on the ground, 205
xìbāo, 細胞, cell, 245
xībó, 稀薄, rare; thin; few, 98
Xībólìyà, 西伯利亞, Siberia, 217
xīcān, 西餐, Western-style food, 29
xièchéng, 卸成, strip..., 111
xièqì, 泄氣, deflate, 62
xiěshízhǔyì, 寫實主義, realism, 2
xiétiáo, 協調, be in tune with; match, 115
xiēwěi, 蠍尾, scorpion tail, 122
xiéxià, 脅下, area under armpit, 92
xífù, 媳婦, wife; son's wife, 151
xīluò, 奚落, scoff at, 149
xín, 型, model; type, 136
xīn'ài, 心愛, treasured; loved, 51
xīndǐ, 心底, deep in one's heart; in the bottom of one's heart, 97
xíngchéng, 形成, form, 110
xíngdòng, 行動, act, 18
xìngfú, 幸福, happiness, 69
xìngjí, 性急, short-tempered; impatient, 53
xìngmìng, 性命, life, 20
xīngqǐ, 興起, rise; spring up, 259
xíngróng, 形容, describe, 193, 246
xíngshì, 形勢, situation, 168
xíngwéi, 行為, conduct; behavior, 148, 233
xìngxìng.de 悻悻地 smoldering in frustration, 118
xíngzhèng guǎnlǐ, 行政管理, administration, 275
xíngzhèngqū, 行政區 administrative division, 261
xìngzhì, 性質, nature; character, 183
Xīnjiāng, 新疆, Xinjiang Uygur Autonomous Region, 166, 261
xīnkǔ, 辛苦, laborious; toilsome, 17, 280
xìnniàn, 信念, faith; belief, 250
xīn.qíng, 心情, state of mind; mood, 63
xīnshàngrén, 心上人, beloved, 65
xīnshì, 新式, new style, 231
xīnxīnkǔkǔ, 辛辛苦苦, taking great pains; working laboriously, 246
xīnxiù, 新秀, new flowering, 120
xìnyòng, 信用, credit; trustworthiness, 223
xiōng, 胸, chest, 82
xióngmāo, 熊貓, panda, 121
xiōngměng, 兇猛, ferocious; violent, 19
xióngxióng, 熊熊, raging (fire), 82
xìpiào, 戲票, theatre ticket, 39
xǐquè, 喜鵲, magpie, 120
Xīshān, 西山, name of a hill in Beijing, 276
xīshēng, 犧牲, sacrifice, 234
xīshēngpǐn, 犧牲品, victim; prey, 235
xīshōu, 吸收, absorb; assimilate, 260
xīshuài, 蟋蟀, cricket, 17
xísú, 習俗, custom, 40
xìng, 系統, system, 279
xiū, 休, cast off one's wife and send her home, 151
xiù, 秀, become famous; flower, 120
xiūchǐ, 羞恥, shame, 83
xiùhuā, 繡花, embroider, 117
xiùlì, 秀麗, beautiful; pretty, 262

Xīyángrén, 西洋人, Westerners, 61
Xīzàng, 西藏, Xizang (Tibet), 261
xuānchuán, 宣傳, conduct propaganda, 151
xuānchuánjiā, 宣傳家, propagandist, 9
xuánguà, 懸掛, hang, 47
xuǎnjǔ, 選舉, election, 185
xuánshū, 懸殊, disparate, 258
xuānxiè, 宣泄, drain, 219
Xuánzàng, 玄奘, Hsüan Tsang, a famous Buddhist monk in the Tang Dynasty, 166
xuěchǐ, 雪恥, avenge an insult, 84
xuètǒng, 血統, blood relationship, 260
xuèxīng, 血腥, bloody; sanguinary, 82
xuèyè, 血液, blood, 81
xuéyuàn, 學院, institute, 21
xūfà, 鬚髮, beard and hair, 91
xùnliàn, 訓練, train, 20
xùnsù, 迅速, rapidly; quickly, 264
xúnwèn, 詢問, inquire; ask about, 109
xúnzhǎo, 尋找, look for, 112
xūwěi, 虛偽, dishonest; hypocritical, 41
xūxīn, 虛心, open mindedly; modestly, 50
xùyǎng núbì, 畜養奴婢, hire (raise) slave girls (servant girl), 189

Y

Yǎdāng, 亞當, Adam, 61
yādǎo, 壓倒, overwhelm; overpower, 50
yāgēnr, 壓根兒, 116
yàmábù, 亞麻布, linen, 113
yān, 腌, preserve in salt or soy sauce, 62
yán.buèrjià, 言不二價, no bargaining allowed, 47
yǎncáng, 掩藏, hide; conceal, 232
yǎnchū, 演出, show, 84
yādǎo, 壓倒, prevail over, 70
yǎng' ér fáng lǎo, 養兒防老, have a son to provide for you in old age, 152, 251
yǎnguāng, 眼光, look (expression), 92
yǎnhuāliáoluàn, 眼花繚亂, dazzled, 16
yànhuì, 宴會, banquet, 41
yànkè 宴客 entertain guests at a banquet or party, 37
yǎnlèi, 眼淚, tears, 97
yǎn.lì, 眼力, vision; eyesight, 3
yán.sè, 顏色, (pretty) face, 66
yánshí, 岩石, rock, 282
yǎnshì, 掩飾, cover up, 188
yántǎo, 研討, deliberate; discuss, 271
yànyǔ, 諺語, proverb; saying, 30
yánzhe, 沿著, along, 259
yǎnzhū, 眼珠, pupil; eyeball, 85, 91
Yáo, 堯, legendary monarch in ancient China, 149
yāo, 腰, waist, 100
yǎo, 咬, bite, 20, 68
yàocái, 藥材, medicinal materials, 262
yǎojiáo, 咬嚼, bite; snap at, 82
yáoshēn yíbiàn, 搖身一變, give oneself a shake and change into another form, 185

yàosù, 要素 , key factor, 67

yáotóu, 搖頭 , shake one's head, 97

yáowěi xiànmèi, 搖尾獻媚 , wag the tail ingratiatingly, 63

yāpiàn, 鴉片 , opium, 168

yàrèdài, 亞熱帶 , subtropical zone, 262

yāróng, 鴨絨 , down, 114

yāsǐ, 壓死 , weigh down to death, 7

yǎ.zi, 啞子 , mute person, 39

yě, 野 , wild, 95

yěcǎo, 野草 , weeds, 272

yědì, 野地 , wilderness, 101

yèsè, 夜色 , dim light of night, 101

yèshēn rénjìng, 夜深人靜 , the still of night, 111

yèwù, 業務 , business, 172

yèxí, 夜襲 , night attack, 87

yězhànjūn, 野戰軍 , field army, 283

yī, 依 , according to, 61, 206

yǐ, 乙 , Ten Heavenly Stems, second stem, 248

yì, 益 , advantage; benefit, 38

yǐ...érzhùchēng, 以...而著稱 , famous for, 109

yǐ jūnzǐzhīxīn , 以君子之心 , with one's own gentleman's measure, 29

yì máo bùbá, 一毛不拔 , unwilling to give up even a hair; very stingy, 38, 191

yǐ...wéixùn, 以...為訓 , take....as a maxim, 250

yì yú zhǎngwò, 易於掌握 , easy to grasp, 275

yǐbiàn, 以便 , so as ; in order to, 66

yìbùróngcí, 義不容辭 , duty-bound; have an unshirkable duty, 247

yíchuán, 遺傳 , heredity; inheritance, 234

Yìdàlì, 意大利 , Italy, 165

yídàn, 一旦 , once; in case, 246

yìdiǎn yìdī 一點一滴 every little bit; bit by bit, 188

yígài ér lùn, 一概而論 , treat (different matters) as the same, 171

yígèbúshèng, 一個不剩 , none is left over, 10

yíhéyuán, 頤和園 , Summer Palace, 278

yíjì, 遺蹟 , historical remains; vestige, 271

yījǐn róngguī yījǐn huánxiāng, 衣錦榮歸衣錦還鄉 lit.: to return to one's hometown in silken robes; return home after making good, 225

yījiù, 依舊 , as before; still, 216

yíjìzhīcháng, 一技之長 , specialty in a particular field, 22

yījù, 依據 , according to; on the basis of, 230

yìjǔ-liǎngdé, 一舉兩得 , kill two birds with one stone, 282

yīkào, 依靠 , rely on; depend on, 152

yīliáo, 醫療 , medical treatment, 135

yíliú, 遺留 , leave over; hand down, 17, 280

yìliūyān, 一溜煙 , in a flash; swiftly, 81

yílü, 一律 , without exception, 258

yìlùn, 議論 , comment; discussion, 2

yīn rén ér yì, 因人而異 , different from person to person, 225

yǐn yǐ wéi, 引以為 , be ashamed by sth. 232

yīn.chén, 陰沉 , glum; of sombre countenance, 92

yǐndǎo, 引導 , guide; lead, 153, 279

Yìndù, 印度 , India, 168

yìng, 硬 , simply, 31

yìng.chóu, 應酬 , treat with courtesy, 37

yīnghái, 嬰孩 , baby; infant, 224

yíngliàng, 瑩亮 , lustrous and transparent, 236

yīngmǔ, 英畝 , acre, 170

yīngyǒng, 英勇 , heroic; brave, 78

yìngyòng, 應用 , applied, 175

yīn.qín, 殷勤 , solicitous, 30

yīnsù, 因素 , factor; element, 155

yīnyáng, 陰陽 , yin and yang; female and male, 69

yǐnyōu, 隱憂 , latent worry, 251

yīnzhī, 因之 , thus; as a result, 203

yǐn.zi, 引子 , added ingredient, 123

yípiànbù, 一片布 , thin piece of cloth, 98

yìqián bùzhí, 一錢不值 , not worth a penny, 63

yíqiè, 一切 , all; everything, 99

yìquán fùshì, 依權附勢 , attach oneself to big wigs, 186

yǐshēn xiāngxǔ, 以身相許 , promise to marry, 65

yìshēng bùxiǎng, 一聲不響 , does not even utter a peep, 41

yìshì xíngtài, 意識形態 , ideology, 156

yìshù, 藝術 , art; technique; skill, 50, 208

yìwèi, 意味 , overtone; flavor, 215

yìwén bùzhí, 一文不值 , not worth a penny, 52

yíwù, 遺物 things left behind by the deceased, 280

yìwù, 義務 , duty; obligation, 191, 246

yìxìng, 異性 , opposite sex, 235

yìyánbùhé 一言不合 once a disagreement occurs, 18

yìyì, 意義 , meaning; significance, 139

yǐyìwéizhī, 以意為之 , assuming the meaning , 1

yízhàng, 一丈 , unit of length (= 3 1/3 meters), 69

yízhǐ, 遺址 , ruins; relics, 257

yízhì, 一致 , consistent, 234

yǐzhì, 以致 , with the result that, 238

yìzhǔn jiànxiào, 一準見效 , unquestionably efficacious, 123

yōnghù, 擁護 , support, 194

yōngjǐ, 擁擠 , crowded, 137, 274

yòngjù, 用具 , furnishing, 115

yǒngqì, 勇氣 , courage, 40, 53, 232

yōngrénzì rǎo, 庸人自擾 , worry about imaginary troubles, 283

yǒngshì, 永世 , forever, 81

yóu, 尤 , especially; particularly, 263

yǒu lì kě tú, 有利可圖 , have good prospects of profit; be profitable, 272

yǒuběn.shì , 有本事 , methodical; skillful, 48

yóubùdé, 由不得 , not up to sb. to decide; be beyond the control of, 165

yōucháng, 悠長 , long; long-drawn-out, 224

yóucǐ, 由此 , from this or here, 2

yōudài, 優待 , preferential /special treatment, 135

yōudiǎn, 優點 , merit; advantage, 29

yǒuguān, 有關 , relate ; concern, 245

yòu.huò, 誘惑 , tempt; attract, 38

yǒujī, 有機 , concrete; specific, 222

yóu.jīduì, 游擊隊 , guerrilla forces, 86

yōujiǔ, 悠久, long-standing (history), 167, 257

yóulái yǐ jiǔ 由來已久, long-standing; time-honored, 151

yǒulàiyú, 有賴於, rely on; depend on, 224

yǒulì, 有力, strong; powerful, 233

yōuliáng, 優良, fine; good, 261

yǒulǐmào, 有禮貌, courteous; polite, 31

yōuměi, 優美, fine; exquisite, 278

yóumù 游牧 moving about in search of pasture, 218

yǒu nǎi biàn shì niáng, 有奶便是娘, 184

yòunián, 幼年, child; childhood, 19

yǒuqiányǒushì 有錢有勢 wealthy and powerful, 79

yǒuqǐfā, 有啓發, enlighten; inspiring, 251, 265

yǒuqiú bìyìng, 有求必應, granting whatever is requested, 38

yǒuqù, 有趣, amusing; interesting, 11

yōushēng xuéjiā, 優生學家, eugenicist, 233

yǒushuǐzhǔn, 有水準, high-leveled, 123

yóuwéi, 尤為, especially, 30

yōuxiān, 優先, having priority, 174

yǒuxiàn, 有限, limited; finite, 134

yǒuxiào, 有效, effective; valid, 123, 138, 264

yóuyánjiàngcù, 油鹽醬醋, oil, salt, soy sauce, and vinegar--daily cooking spices, 62

yōuyuè, 優越, superior; advantageous, 189

yōuyuègǎn, 優越感, sense of superiority, 69

yòuzhù, 囿住, limited; be restricted, 222

yú, 娛, amuse; give pleasure, 16

yú, 漁, fishery, 141

yú, 愚, foolish; stupid, 202

yù...yù, 愈...愈, 191

yuànchóu, 怨仇, hate, 110

yuángù, 緣故, reason, 18, 98

yuǎnjǐng, 遠景, future perspective; long-range prospects, 38

yuánlái, 原來, it turns out that, 83

yuánliàng, 原諒, excuse; forgive, 235

yuánliào, 原料, raw material, 31

yuánlín, 園林, garden; park, 274

yuánsè, 原色, primary colors, 112

yuánshǐ, 原始, primeval; primitive, 215

yuánshǐrén, 原始人, primitive man, 257

yuān.wǎng, 冤枉, unjustly; wronged, 87, 202

yuānyuán, 淵源, origin; source, 235

yuánzé, 原則, principle, 28, 221, 224, 230, 271

yú bù kě jí 愚不可及 couldn't be more foolish, 203

yúchǔn, 愚蠢, stupidity, 110

yúdì, 餘地, room; margin; possibility, 52

yùdìng, 預定, fix or set in advance, 61

yuē, 約, about, 91

Yuè Fēi, 岳飛, 84

yuēdìng, 約定, agree on, 3

yuèlǎnshì, 閱覽室, reading room, 277

yūelüè, 約略, roughly; approximately, 282

yùjiàn, 遇見, meet, 97

yùkuò 迂闊 high-sounding and impracticable, 209

yùláiyù, 愈來愈, more and more, 135

yúlùn, 輿論, public opinion, 148, 191

yǔmáofēngmǎn, 羽毛豐滿, fledged; mature, 246

yùn, 運, ship, 117

yùndòng dàodé, 運動道德, sportsmanship, 20

yùnfù, 孕婦, pregnant woman, 134

yùnshūyè, 運輸業, transport service; transportation, 141

yùnyòng, 運用, utilize; apply, 54, 190

yúnyún, 云云, and so on, 123

yúnyún 芸芸 all living things;all mortal beings,186

yúrè, 餘熱, remaining warmth, 249

yúxī, 遊息, stroll about and have a rest, 274

yùxiān, 預先, in advance; beforehand, 207

yùyǎn yùliè 愈演愈烈 getting steadily worse, 116

yǔyǐ, 予以, give; grant, 248

yùyì, 愈益, 115

Z

zá, 雜, mixed and disorderly, 92, 260

zá, 雜, mixed, 260

zài...deluǎnyìxià, 在...的卵翼下, under the aegis of; shielded by, 80

zǎigē, 宰割, trample upon, 78

zàishēngchǎn, 再生産, reproduction, 245

zàiwǒ, 在我, as for me, 99

zāizhí, 栽植, plant; transplant, 276

zànchéng, 贊成, approve of; agree with, 139

zàngsòng, 葬送, ruin, 87

zànshí, 暫時, temporary; transient, 93, 215

zāo...lúnjiān, 遭...輪姦, gang raped, 78

zàofú, 造福, bring benefit, 38

zé, 則, however; but, 183

zédì, 擇地, pick a place (spot), 205

zēngjìn, 增進, enhance, 67

zèngwù, 憎惡, abhor; loathe; abominate, 97

zēngzhí, 增值, breed, 141

zhá' ānchún, 炸鵪鶉, deep-fried quail, 117

zhāilù, 摘錄, excerpt; extract, 7

zhāměng.zi, 扎猛子, dive, 119

zhǎn, 斬, chop; cut, 84

zhàn pián.yi, 占便宜, profit at other's expense, 37

zhànchǎng, 戰場, battlefield, 233

zhǎng, 掌, hand; palm, 78

zhàng'ài, 障礙, obstacle; hindrance, 111, 265

Zhāngběi, 張北, a county near the border of Hebei and Inner Mongolia, 218

zhǎngdàchéngrén, 長大成人 grown manhood, 150

zhǎngshàng míngzhū, 掌上明珠, pearl in the palm (the apple of one's eye), 79

zhǎnkāi, 展開, spread out, 273

zhānshàng, 粘上, stick; paste, 48

zhànyǒuyù, 佔有欲, desire for possession, 66

zhànzhēng, 戰爭, war; warfare, 183

zhāodài, 招待, entertain, 16

zhāogào, 昭告, declare publicly, 280

zhāolái, 招徠, solicitation, 21

zhàolì, 照例, as a rule; usually, 30

zhāo.pái, 招牌, signboard; shop sign, 47

zhàqǔ, 榨取, extortion, 186

zhàyào, 炸藥, explosive, 282

zhèndì, 陣地, position; front, 278

zhēng, 爭, dispute; quarrel, 3

zhèng, 症, illness; disease, 109

zhēngbiàn, 爭辯, argue; contend, 52

zhēngchǎo, 爭吵, quarrel, 62, 231

zhèngfāng, 正方, square, 114

zhēngfú, 征服, conquest, 165

zhēngguì, 珍貴, valuable; precious, 281

zhèngguǐ, 正軌, right (or correct) path, 232

zhènghou, 症候, symptom, 202

zhèng.jing, 正經, respectable, 63

zhēngkāi, 睜開, open (the eyes), 237

zhěngkuài, 整塊, in one piece, 111

zhènglìng, 政令, government decree or order, 203

zhèng.míng, 證明, evidence; proof, 7

zhèngmíng, 證明, prove; testify, 231

zhēngpì, 徵辟, recruitment, 185

zhèngquè, 正確, correct; right; proper, 136

zhēngqìjī, 蒸汽機, steam engine, 168

zhèngqǔ, 掙取, earn, 152

zhèngshí, 證實, confirm; verify, 257

zhēng.zhe V, 爭著 U, scramble for, 117

zhēngzhí, 爭執, dispute; disagree, 3

zhèngzhìjiā, 政治家, politician, 49

zhēnlǐ, 真理, truth, 110, 225

zhēnpì, 徵辟, recruit, 185

zhēnqín-yìshòu, 珍禽異獸, rare animals, 262

zhěn.u, 枕頭, pillow, 112

zhěntào, 枕套, pillowcase, 114

zhěnxīn, 枕芯, pillow, 113

Zhéxuébóshì, 哲學博士, Doctor of Philosophy, 9

zhī, 之, 1, 136

zhī, 支, lean on (a stick), 92

zhǐ, 指, point, 95

zhī qí yī bù zhī qí èr, 知其一不知其二, know only one aspect of a thing, 272

zhì...yú sǐdì, 置...於死地, put...in a deathtrap/fatal position, 85

zhǐ láohǔ, 紙老虎, paper tiger, 236

zhībùjī, 織布機, loom, 118

zhìcái, 制裁, punishment, 149

zhǐdǎo sīxiǎng, 指導思想, guiding principle, 155

...zhīgù, ...之故, 238

zhīhòu, 之後, after, 94

zhíjiéliǎodàng, 直截了當, point-blank; blunt, 20

zhìjīn, 至今, up to now; to this day, 261

zhìjìng, 致敬, salute; praise, 110

zhíjué, 直覺, intuition, 111

zhìlì, 智力, intelligence, 22, 203

zhìliáo, 治療, treatment, 123

zhímídì, 殖民地, colony, 183, 220

zhīpèi, 支配, arrange; allocate, 206

zhìqì, 志氣, aspiration; ambition, 169

zhíqián, 值錢, costly; valuable, 235

zhǐqiān, 紙簽, label, 49

zhìqīn hǎoyǒu, 至親好友, close relatives and good friends, 30

zhíwèi, 職位, occupation, 20

zhíwù, 植物, plant; flora, 224

zhíxíng, 執行, carry out; execute, 280

zhìxù, 秩序, order, 272

zhíyì, 直譯, translate directly, 206

zhīyì xíngnán, 知易行難, easier said than done, 53

zhìyú, 至於, as for, 61

zhízé, 職責, duty; obligation; responsibility, 183

zhǐzé, 指責, blame, 115

zhǐzé, 指責, reproach, 121

zhòng, 重, heavy, 101

zhǒng, 種, species; breed, 8

zhōngdiǎn, 鐘點, hour, 166

zhòngfēngmó, 中瘋魔, be affected like one possessed, 19

zhònggōngyè, 重工業, heavy industry, 140

zhōnglǎo shìxiāng, 終老是鄉, end one's life in his native place, 222

zhōngshēn, 終身, lifelong; all one's life, 230

zhōngshí, 忠實, faithfully, 216

Zhōngtiáo, 中條, Japanese name, 81

zhōngwài rénshì, 中外人士, personages of China and foreign countries, 6

zhōngxīn, 忠心, loyally, 186

zhòngxīng, 眾星, the stars, 112

zhōngyāng, 中央, center, 2

zhòngzhí, 種植, plant; grow, 216

zhōushēn, 周身, all over the body, 67, 81

zhòuzǔ, 咒詛, swear; imprecate, 99

zhū, 株, for trees, 92

zhǔ, 煮, boil, 217

zhù, 築, construct (a road or a bridge), 137

zhú shuǐcǎo ér jū, 逐水草而居, move from place to place in search of water and grass, 218

zhuān, 磚, brick, 271

zhuānduī, 磚堆, pile of bricks, 281

zhuāng, 裝, put (in); pack, 79, 100

zhuàng, 壯, robust years of a person's life (between thirty and fifty), 251

zhuāngbèi, 裝備, equipment; outfit, 140

zhuàngdīng, 壯丁, able-bodied man (subject to conscription), 85

zhuāngjia, 莊稼, crops, 218

zhuàngkuòxiōngjīn, 壯闊胸襟, broaden one's mind, 277

zhuàngliè, 壯烈, heroic, 87

zhuàng.tài, 狀態, appearance; form; state; condition, 91, 169, 273

zhuāngyán, 莊嚴, solemn; dignified, 63

Zhuàngzú, 狀族, Zhuang nationality, 258

zhuānlì, 專利, patent, 191

zhuānmén, 專門, special; specialized, 170, 195

zhuǎnràng, 轉讓, transfer the possession of, 153

zhuānyáoyè, 磚窯業, brick-making business, 283

zhuānyòng, 專用, use for a special purpose, 280

zhuānzhì, 專制, autocratic, 194

zhúbù, 逐步, step by step; progressively, 135, 171, 259

zhùcí, 祝詞, congratulatory speech, 149

zhùdìng, 注定 , doomed; predestined, 83
zhǔ.gù, 主顧 , frequent customers, 47
zhùhè, 祝賀 , congratulate, 120
zhuīqiú, 追求 , seek; pursue, 232
zhuīwèn, 追問 , detailed inquiry, 116
zhuīzōng ér qù, 追蹤而去 , follow the trail of, 273
zhújiàn, 逐漸 , gradually; by degrees, 152
zhùmíng, 著名 , well-known; famous, 6, 30
zhǔn, 准 , permit; allow, 2
zhuó, 著 , wear, 92
zhǔnshéng, 準繩 , criterion, 233
zhuō, 捉 , catch; capture, 8
zhuóluò, 著落 , assured source; whereabouts, 205
zhuōzhànměng, 捉蚱蜢 , capture grasshoppers, 204, 218
zhuózhòng, 著重 , stress; emphasize, 250
zhūqiú 誅求 make endless exorbitant demands, 186
zhūshā, 朱砂 , cinnabar, 122
zhùshū, 著書 , write books, 192
zhùwēi, 助威 , cheer (for); boost the morale of, 19
zhùyuàn, 祝願 , wish, 99
zhùzhái, 住宅 , residences, 273
zhúzhàng, 竹杖 , bamboo cane, 92
zhùzhǎng, 助長 , (derogatory) encourage, 153
zhǔzi, 主子 , master, 186
zǐ, 紫 , purple, 91
zǐdàn, 子彈 , bullet, 87
zìdiǎn, 字典 , dictionary, 69
zìdònghuà, 自動化 , automation, 136, 174
zīgé, 資格 , qualifications , 192
zìháo, 自豪 , proud of oneself, 235
zījīn, 資金 , fund, 134, 155
zìjǐ zìzú, 自給自足 self-sufficiency; autarchy, 167
zīliào, 資料 , data; material, 168
zìmíngzhōng, 自鳴鐘 , striking clock; chime clock, 167
zìmǔ, 字母 , letters and alphabet, 263
zìqīqīrén, 自欺欺人 , deceive oneself as well as others, 49
zìshēn, 自身 , self; oneself, 238
zīwèi, 滋味 , taste; flavor, 83, 173
zìwǒ, 自我 , self; oneself, 250
zìxúnfánnǎo, 自尋煩惱 , looking for trouble; bringing worries/ trouble upon oneself, 41
zìyǎn, 字眼 , words; diction, 69
zīyuán, 資源 , natural resources, 263
zìyuàn, 自願 , voluntary; of one's own accord, 264
zìyuán qíshuō, 自圓其說 , make one's statement consistent, 206
zīzhǎng, 滋長 , grow; develop, 273
zìzhì, 自治 , self-government, 190
zìzhìqū, 自治區 , autonomous region, 261
zīzhù, 資助 , aid financially, 249
zǒng, 總 , anyway, 3
zǒng ér yán zhī, 總而言之 , in short; in brief, 236
zǒngjié, 總結 , sum up; summarize, 149, 264
zǒngliàng, 總量 , total, 29
zǒngtǐ, 總體 , overall; total, 251
zǒngzhī, 總之 , in brief; in short; anyway, 52, 169

zǒusī, 走私 , smuggle, 187
zǒusī lòushuì, 走私漏稅 , smuggle and evade taxation, 189
zǒuyàng, 走樣 , lose the original shape or meaning, 208
zǒu zhōngjiān lùxiàn, 走中間路線 , take the middle road, 194
zǔài, 阻礙 , obstacle, 207
zǔ'ài, 阻礙 , hinder; block, 134, 155, 271
zuān, 鑽 , get into; go through, 216
zuānjìn, 鑽進 get into; make one's way into, 193
zǔchuán 祖傳 handed down from one's ancestors, 114
zǔgěng, 阻梗 , block; obstruct, 275
zuǐ, 嘴 , mouth, 28, 81
zuǐ.bā, 嘴巴 , mouth, 49
zuì'è tāotiān, 罪惡滔天 , guilty of monstrous crimes, 87
zuì guò, 罪過 , fault; sin, 283
zuǐliǎn, 嘴臉 , look; features (derogatory), 53
zuìrén, 醉人 , intoxicating, 62
zuìshàng.de, 最上的 , best, 99
zǔlì, 阻力 , obstruction, 156
zūnyán, 尊嚴 , dignity; honor, 237
zúnzài, 存在 , exist, 153
zūnzhòng, 尊重 , respect, 234
zuò, 座 , AN for large fixed things, 21
zuòpǐn, 作品 , literary works, 1
zuòshī, 作詩 , write poems, 2
zúqiú, 足球 , soccer, 19
zúyǐ V., 足以 , enough ; sufficient , 37